Cet ouvrage est dédié aux abstentionnistes, aux chômeurs, aux indignés, aux hommes et femmes de bonne volonté qui souhaitent agir, sans plus attendre, à hauteur de leurs moyens.

Dédié à la jeunesse enfin, qui se languit dans une société encore complice de son aliénation.

C'est pourquoi cette lecture mène à contre-pied des dogmes ambiants, et prône l'action, rien de moins. Pour certains il est certain qu'agir, dans notre société volontairement lénifiante, reste quelque chose de difficile. Néanmoins, comme chacun d'entre vous, citoyen ordinaire aux prises avec mon époque, j'ai souhaité témoigner par mes actes, plutôt que tenter de me faire connaître et valoriser par des promesses.

HOAREAU Nicolas

Plan

Partie 1

L'éducation, référence/introduction au brevet citoyen.
L'emploi.
La justice.
La santé.

Partie 2

<u>Projets industriels</u>
A .Le Projet Cyrano
B. L'or du Rhin/Rheingold..
C. Groupe de contacts lutte contre le VIH.
D. « Mémoire Numérique »
E. Groupe aéronaval Suffren, en partenariat avec la Russie. Standards établis pour la 6ème génération de chasseurs ; drones « habitables » selon les besoins ;(reprendra les traditions Normandie-Niemen).

<u>Projets économiques</u>
Interdiction constitutionnelle de déficit.
Mise en place sur 8 ans de l'imposition à la source.
Gouvernance économique franco-allemande (interdiction des ventes à terme/Eisphora (Taxe dite Tobin...).
Désengagement de l'État de toutes les entreprises hors secteur défense, Aérospatiale.
Révision du secteur d'approvisionnement énergétique.
Révision de la dette. (TVA + 1 point_50% pour payer la dette directement/50% prêts aux PME par le biais Banque de France).

Partie 3

Chacun de chez soi, pour changer le monde ensemble.
Projet de « Conférence Occidentale ».

Conclusion

La place de la France dans le monde... Mais quelle France ?

Annexe 1_Candidature nouvelle_Explication.
Annexe 2_Un Coup d'Etat Européen_L'article 11

__Introduction__

Je vous en prie…

Ce sont bien les premiers mots d'un homme dont l'action s'inscrit bien sûr dans le cadre d'une lutte pour le pouvoir, pouvoir qui ne sera que celui que vous voudrez bien lui accorder comme attention, ce que vous voudrez bien lui concéder dans le cadre d'une démocratie en perte de vitesse, mais également le respect que cet homme exigera s'agissant de sa dignité de citoyen, et qu'il entend mettre en avant afin que chacun puisse voir, et participer, à ce que pourrait être une reconquête de la dignité politique.

Oui, je vous en prie, votez. Si il est évident que ce programme a vocation à constituer une base de travail pour 2012, il ne saurait prendre forme qu'au gré du nombre de personnes qui voudront y souscrire, et ainsi le porter ; il n'en demeure pas moins que la rédaction, et maintenant la défense de ces idées, sont nées de volonté d'agir d'un homme en colère. Cette même colère que tout un chacun ressent devant ce qu'il est advenu de la France en cinq ans, devant cette gabegie qui fait que beaucoup de citoyens, comme aux dernières régionales, ne souhaitent plus exprimer leur désapprobation que par le bulletin blanc. Ce moyen d'expression, pourtant, ne permet qu'aux formations politiques établies de renvoyer les responsabilités de l'une à l'autre, et permet aux formations politiques plus modestes, selon leur orientation doctrinale, de se déclarer ou véritable récipiendaire de ce silence des électeurs, ou même capables d'interpréter la volonté « réelle » qui se cache derrière ce mécontentement.

Ce que ma candidature permet pour 2012, c'est, éventuellement en accord avec les propositions présentées ici, d'exprimer clairement une défiance forte des appareils politiques traditionnels, en plus d'un rejet franc et massif de l'orientation idéologique d'une France qui se perd. Pas de « déclinisme » ici, pas de pessimisme, au contraire. La colère légitime qu'il vous est demandé d'exprimer sur ma candidature, née du potentiel réel qui subsiste dans ce vieux et cher pays ; potentiel qui à force de se voir partagé par deux formation politiques devenues monolithiques, PS et UMP, l'on voit diminuer avec une constance que l'on préfèrerait relever chez ces serviteurs autoproclamés de l'état, sera j'en suis sûr entendue.

Ce programme a donc pour vocation à rassembler les mécontents, les déçus et les contestataires ; les oubliés d'un système qui voudrait accélérer au point d'en laisser certains à la traîne, loin derrière, avec la seule satisfaction d'être rentable ; ce programme, cette candidature a vocation à devenir le porte-voix de ceux qui jusqu'alors, choisissaient de se taire, lassés d'avance par l'habitude de n'être pas entendus, humiliés par le silence, ou le mépris d'un pouvoir installé dans ses certitudes, dans ses convictions…et dans les ors qui appartiennent au peuple. Bien sûr, et je le regrette, ce programme n'est pas exhaustif, et ne peut reprendre les doléances si nombreuses de tant de personnes vouées au silence. Je songe ici aux agriculteurs, ceux qui ne font pas partie du système, de « l'institution » agro-alimentaire, et qui survivent, hébétés, entre les aides européennes qui verrouillent un système ubuesque et la perception qu'a d'eux un grand public schizophrène, partagé entre un désir d'authenticité et une addiction au formatage des grands réseaux de distribution. Je pense également aux militaires, dont les combattants, si ils peuvent tous tenir dans le stade de France, conservent la mission de protéger les français sur chaque point du globe. Je pense aux artisans, laissés seuls non seulement face à une administration qui les compte de plus en plus en comptant de moins en moins sur eux, mais également seuls faces aux grands groupes constitués, qui après s'être souciés de leur rentabilité sur un secteur donné, s'entendent à éliminer toute concurrence, sans prise en compte de l'échelle des moyens. Je pense aux petits entrepreneurs, ce que l'on nomme en France PME et PMI, qui sont si souvent considérés comme variable d'ajustement des impératifs ou des humeurs des géants de la CAC 40, voire des banques…mais l'urgence, c'est la jeunesse, l'emploi, la justice et la santé. Qu'il me soit permis de considérer que la jeunesse est un état d'esprit, n'excluant ainsi personne qui ne le veuille vraiment de la présente réflexion.

Ce vote, si il est massif, pourra faire que notre voix, ma voix se transformera en pouvoir…si toutefois elle n'y accède pas, car le sujet est bien d'*arriver* par la mobilisation des esprits, des énergies et des actes, là ou d'autres sont *parvenus*. C'est bien cette différence essentielle qui existe à l'heure de ma candidature entre des hommes de partis, engoncés dans leurs obligations alors même que certains auraient tout intérêt à libérer leur talent de l'oppression d'une ligne à laquelle ils souscrivent lorsqu'ils n'y ont pas mordu. De ligne de parti, il n'en est pas question ici. Il apparaît que ma formation comme mes convictions me poussent à l'action, bien que mon inclination naturelle soit celle de la réflexion. Ces deux postulats établis, il reste important de dire que si je suis un thuriféraire de l'ordre, je ne méprise pas les aspects parfois indomptables et brouillons que sait parfois revêtir la société. Néanmoins, quelle que puisse être l'ardeur de ceux qui créent, cette ardeur ne saurait renverser l'ordre établi, car se serait prendre prétexte de talents ou de convictions pour pouvoir imposer des vues que l'on voudrait meilleures. Or, si je souhaite fédérer les talents les plus divers, les convictions les plus assumées, je ne saurais laisser croire à un possible Grand Soir, au sens où l'Histoire, récemment bannie par le gouvernement en place, nous l'aura enseigné. Si mon désir est d'obliger les hommes qui occupent à cette heure des fonctions trop grandes pour eux à écouter la colère d'un peuple qui, s'il a perdu sa noblesse, aura conservé encore quelques lettres, il ne s'agit de rééditer la nuit du 4 août que dans l'esprit.

C'est bien ce mot, *esprit*, qui manque si cruellement aux catalogues de mesures maquillées en programmes et qui ne prennent d'ailleurs la mesure de rien...qui manque aux partis politiques établis. Et bien l'esprit français existe, persiste, et je souhaiterai que chacun puisse signer, d'un bulletin à mon nom, sa survivance à l'ordre établit depuis peu. La permanence de cet esprit commande que l'on moque cette gouvernance brutale, en lui demandant, et le terme est grave : justice.

Je vois d'ici sourire les persifleurs, souffleurs de discours et hommes de cour, qui se gausseraient qu'un candidat à une présidentielle puisse demander que, dans la même phrase, l'on puisse et se moquer, et être grave. Que ces phraseurs se rassurent ; il s'agit encore de l'esprit français qu'ils voudraient étouffer sous un tombereau d'assertions empruntées à un néo-libéralisme qui doit nous rester étranger : oui, *les français sont des veaux*, et ils savent exiger des réformes pour tous, et auxquelles pourtant chacun pourrait échapper. Cette dualité, cette dichotomie entre le vouloir et la volonté, sont connues. Mais estimer que l'on peut surmonter cet écueil en l'aplanissant, comme s'il s'agissait d'une simple opération de travaux public, sans émotion et avec une absence totale de considération, est une erreur que je souhaiterai leur expliquer de vive voix. Les français n'ont pas disparu, et la modernité n'aura pas effacé leur caractère querelleur, révolté et sensible, et l'on peut toujours leur dire aujourd'hui des choses graves avec légèreté…

Le sujet n'est toutefois pas de combattre le néo-libéralisme, dont le degré de dangerosité dépend du degré de culture et de civilisation du peuple qui l'accueille, pas plus que le sujet n'est de céder aux sirènes hygiénistes d'une écologie qui deviendrait excessive à vouloir en exclure l'homme. Le sujet est de proposer une réflexion qui permette un projet de société, rien de moins. Savoir vivre ensemble est un Art délicat qui aura, ces dernières années, été mis à mal à un point tel qu'après avoir soldé le savoir-vivre, on se pose aujourd'hui la question même du vivre-ensemble, de *faire société*. Or, cette société, quoi que puissent clamer les idéologues de chaque parti, a besoin de chaque individu qui la compose. Il faudra également réfléchir aux déséquilibres dangereux de la société que nous subissons aujourd'hui, l'exemple le plus effrayant restant la responsabilité imposée aux 300 000 petits agriculteurs de répondre des actes d'une industrie agro-alimentaire financiarisée…en définitive, les rendre responsables de la qualité de ce que 66 millions de français mettent dans leurs assiettes… C'est lorsque l'on en arrive à vouloir définir ce que doit être la société française, que s'exacerbent les dogmatismes et les réflexes partisans ; je souhaite éviter cet obstacle composé de faux-semblants en affichant ma volonté d'agir au travers d'un symbole : les Restos du Cœur.

Il est avéré dans l'Histoire, aujourd'hui amputée par un gouvernement qui souhaiterait tant savoir l'écrire, que les civilisations et la culture ne croissent que dès lors que les Lois, nécessairement écrites par les plus forts, n'ont d'autres buts que de vouloir protéger les plus faibles. Il apparaît très clairement qu'en France, les plus forts ont cessé d'orienter leurs efforts à protéger leurs concitoyens moins heureux, et l'on ne peut que constater l'amer succès de l'initiative d'un comique…devenu grave à cette occasion.

Ce qui est grave aujourd'hui, c'est que chacun d'entre nous accepte cette dérive des hommes de pouvoir qui, cyniquement, constatent que leurs désengagements successifs sont souvent suppléés par les bons sentiments, les actions citoyennes, et, vieux fonds français, la charité. Le mot est dit ; l'héritage chrétien perfuse au travers d'une laïcité en danger pour d'autres raisons : les français sont charitables, et là ou l'Etat, les hommes qui le servent ou se servent on ne sait plus bien, décide de laisser pour compte un pan de société que l'on s'attend à le voir soutenir, le français, charitable autant par tradition que par la peur égoïste de se retrouver à son tour dans le besoin, solde les comptes des hommes de pouvoir qui auront *compté* sur lui. Que l'on se souvienne l'argent des contribuables donné aux banques, responsables de leur situation. Que l'on se souvienne de la caution que chaque citoyen aura versé aux constructeurs automobiles, afin qu'ils continuent à créer de l'emploi à l'étranger…que l'on songe que les Restos du Cœur, inlassablement, croissent dans un pays qui, si il s'en aperçoit, préfère taire son anxiété.

Le symbole est là. Je veux créer une société qui puisse se passer, au plus tôt, des Restos du Cœur. Ainsi nos artistes auront-ils le temps de s'apercevoir que les temps ont changé, et que les spoliateurs ne sont pas leurs admirateurs, qu'ils soient derrière un écran ou cherchent à communier avec eux, louant leur talent. En définitive, mettre fin aux Restos du Cœur…c'est-à-dire créer dans le pays les conditions qui permettront aux artistes de se mobiliser pour d'autres causes…c'est-à-dire créer l'environnement économique et social qui permettra un certain retour de la dignité, le recul de la honte pour une nation industrialisée, d'avoir du institutionnaliser la solidarité pour une cause qui peut bien être prise à bras le corps : c'était d'ailleurs bien l'idée du fondateur ; faire que cela soit provisoire. Que dirait-il aujourd'hui, alors qu'il concurrence le « provisoire » de feu la vignette automobile ? Que dirait-il, maintenant que l'on institutionnalise, que l'on récupère et que l'on dévoie son idée ?
…et puis…pourquoi cette candidature ? Soyez certains, chers lecteurs qu'il ne s'agit pas de céder à la mode oiseuse qui consisterait à poursuivre une

gloire éphémère, facile et télévisuelle, à l'image, déréglée, qu'une société, (Endémol), qui conserve des amitiés avec le pouvoir en place depuis 2007 introduit autrefois dans le paysage audiovisuel français. Cette volonté n'est pas celle de mettre ma personne en avant ; il s'agissait pour moi, ruminant sur les humiliations que les citoyens français devaient endurer dès que je regardais autour de moi, d'agir comme tout un chacun, en définitive, derrière son poste de radio, de télévision ou au gré de vagabondages sur la Toile, souhaiterait faire.

Epargner mon entourage familial étant mon souci premier, il s'agissait de taire chez moi les cris qui survenaient dès que le monde politique « agissait », et de porter ces cris, reformulés, sur la place publique.

Il nous a été demandé de nous indigner…dont acte.

L'éducation

Honoré Daumier_ « La République nourrissant ses enfants »_1848

Ce chapitre, inspiré par l'Emile de Rousseau, et d'ailleurs comme par Condorcet, Montaigne ou Rabelais, évoque une société française telle qu'elle pourrait se vivre dans un avenir proche. Il s'agit d'un exercice de réflexion sur le potentiel de réformes politiques, sociales et économiques qui se trouvent dans cet ouvrage.

I/ La nécessaire scolarisation républicaine.

Les libéraux, déjà, applaudissent la fin de la carte scolaire, certains d'avoir triomphé de l'idée que l'école devait être républicaine. Ils éludent le terme même de républicain, se blottissent derrière les statistiques cruelles qui indiquent que l'égalité des chances ne serait plus qu'une vue de l'esprit, et vont jusqu'à réclamer les mêmes droits que réclament certaines sectes : éduquer seuls, et comme bon leur semble, les enfants qu'un sort qu'ils déclarent comme étant plus clément que pour d'autres, aura mis entre leurs mains. Ils fustigent sans cesse la volonté des instituteurs à vouloir faire partie de l'idéal républicain, ils honnissent ceux qui pensent, comme nombre de professeurs, que l'éducation n'a de sens que si elle est nationale, participant ainsi de la continuité historique que l'on nomme la France.

Aigris par cette résistance qu'ils condamnent comme désuète, ils refusent les réussites d'un système certes exsangue, mais dont la vocation, mot d'importance si l'on parle d'éducation, la vocation donc, reste à éduquer les citoyens à vivre ensemble, si ce n'est à prendre conscience d'eux-mêmes. D'aucuns pourront me reprocher, à juste titre, de borner ici ma vision à un rôle a minima de l'éducation nationale. La critique est bonne, mais qu'il me soit permis de rappeler au lecteur la nécessité de condenser en peu de mots un projet politique, non pas une pensée philosophique.

De plus, la première urgence reste bien, devant les incroyables régressions menées sciemment et de concert par le pouvoir en place, de rétablir tout un chacun dans la certitude que l'éducation nationale doit **tendre** vers ce que l'on appelle un peu trop rapidement l'égalité des chances, doit **accompagner** ceux qui en ont le plus besoin, doit **soutenir** les meilleurs d'entre nous, certains que nous sommes que la réussite de ceux-là profiteront à ceux-ci.

Que l'on songe un peu que le pouvoir, estimant que les iniques lois mémorielles suffisaient à dire le fait, aura rien de moins qu'embastillé l'Histoire, la soustrayant justement à ceux qui la réclamaient ; portant un coup à l'enseignement, pour lequel il reste important de riposter…à la Bastille !

Que l'on se souvienne que les ministres, soucieux de s'attirer les bonnes grâces des tenants du pouvoir administratif dans l'éducation, auront été jusqu'à subordonner une prime de 30 deniers à un ralliement à leurs dogmes libéraux. Certes, les préfets auront été également stipendiés, eux qui furent jadis serviteurs de l'état, mais il est bien plus grave de dévoyer l'engagement de ces responsables de l'éducation : en conditionnant leur réussite à une performance imaginaire, on les pousse à une compétition dont ils auront l'impression, palpable, qu'elle va dans le meilleur sens, alors même qu'en acceptant de devenir des « managers » là où ils eussent mieux fait de se satisfaire d'être des jalons dans l'exercice de l'autorité, des gardiens de normes sociales immuables : celles qui assurent que les enseignants sont accompagnés, les parents d'élèves écoutés, les élèves considérés, ils acceptent, en acceptant ces deniers de se compromettre en tordant le sens premier de leur mission.

C'est un point symbolique sur lequel il faudra revenir en même temps que l'augmentation de salaire du chef de l'état : effacer ces primes qui n'ont d'autre efficacité que d'enfermer les personnels de l'éducation nationale dans une logique de succès individualiste…certes compréhensible et bienvenue en ces temps de tempête financière et bancaire, mais en définitive tellement creuse pour la mission de service public.

Les mesures prônées, sans surprise, se situent dans la continuité de la construction de la citoyenneté. Le discours abscons qui opposerait une « performance » à un besoin désespéré de moyens est digne d'un mauvais shampouineur…le monde de l'éducation ne supporte pas la notion, en l'espèce délétère, de « performance », car il s'agit d'autant d'élèves dont on parle. Accepter une surpopulation d'élèves par classes, c'est vouloir « gérer » le nombre d'élèves par classe comme l'on gèrerait le nombre de détenus par cellules. Il est intéressant de noter par ailleurs que le pouvoir en place préfère se soucier en premier lieu de la surpopulation carcérale, en faisant construire des prisons qu'il laissera dans l'escarcelle du secteur privé. On notera ici le mépris des gouvernants actuels pour les sentences de Victor Hugo disant que pour chaque école que l'on construisait, c'était une prison que l'on fermait. Mais il semble que les classiques soient méprisés…dès lors qu'ils sont connus.

Or, la question des moyens est cruciale. Quels sont les moyens que les français sont prêts à consentir pour vivre ensemble ? J'estime que conserver le budget de l'éducation nationale comme étant le premier de France est l'affirmation que chaque candidat à la magistrature suprême devrait avoir comme préalable.

Il est courant pour les hommes et femmes ayant en charge l'éducation nationale depuis cinq ans de se référer avec obstination aux manières de faire et d'être ayant cours de l'autre côté de l'atlantique, allant jusqu'à vouloir que les français que l'on éduque acquièrent une maîtrise de l'anglais, là où il faudrait désespérément que les écoliers se recentrent sur les fondamentaux…mais est-il utile de rappeler que ces ministres si empressés de vernir la culture française d'une couche brillante jusqu'au clinquant, qu'ils ignorent pourtant les phrases des hommes qui ont pensé l'éducation d'un jeune pays comme les Etats-Unis ? Savent-ils seulement que lorsque les libéraux se plaignaient du coût de l'éducation, Lincoln leur répondait « … l'éducation coûte cher ? Qu'ils essayent l'ignorance !… »

…à tout le moins, c'est l'essai que nos gouvernants se complaisent à marquer depuis cinq ans. Il leur faudrait relire, ces apôtres de la « performance » scolaire, des ouvrages du nouveau monde tel que ceux de Carl F. Kaestle, ou Horace Mann…

Il faudra bien que les thuriféraires du monde anglo-saxon réapprennent leur Histoire propre, et se convainquent que l'évangile de la réussite, pour autant qu'il soit bénéfique à nos amis Nord-Américains et Britanniques, n'est pas bien reçu en terre de France. Il n'est pas nécessaire de rappeler que la France reçut un autre évangile, il y a bien longtemps, et que vouloir le supplanter n'est pas chose aisée. La République s'y est essayée, avec force et réussite, en 1905.

Pour autant, cette même République n'aura pas oublié que sa légitimité lui venait certes de l'antique Rome et de son Droit, puis de Rome encore et de son Droit Canon, mais en se référant toujours à cette création originale et encore vivante que les Grecs ont amené à l'Occident ; la Démocratie. Le Siècle des Lumières, qui peine à éclairer la voie de ceux qui gouvernent à la lanterne aujourd'hui, aura disqualifié les incohérences des évangiles passés, afin que l'on puisse construire la société moderne. Mais si les penseurs des siècles passés, qu'ils fussent français ou non, dirent avec esprit des choses de manière nouvelle, ils ne reniaient pas leur héritage pour autant. Et que fait le gouvernement du dernier quinquennat, si ce n'est renier tout cet héritage, toutes ces réflexions, toute cette philosophie qui nous dit qu'il faut que chaque citoyen reçoive la meilleure éducation, qu'il fallait faire œuvre de civilisation en dispensant le savoir à tous, à chacun, alors même que l'égalité restait une charmante Utopie qu'il fallait nécessairement vouloir rejoindre ?

Le dernier quinquennat, se parant de la force de 1905, sans rien comprendre ou retenir justement des forces qui auront amené à forger cette loi, veut imposer une vision entrepreneuriale, étrangère, à un monde éducatif qui en plus d'être un écosystème fragile, reste heureusement et à jamais, en France, totalement incompatible avec cet évangile de la réussite des individus, là où il s'agirait de se soucier de tous.
Réussir la mission d'éducation nationale, c'est vouloir s'assurer que chaque citoyen en devenir désire assumer sa place dans la société qui l'accueille : une chance donnée à tous, un apprentissage exigé de chacun. Nulle prétention à gommer les criantes inégalités qui subsistent, mais une

volonté clairement assumée de ne vouloir laisser personne en arrière, ne pas vouloir essayer d'éduquer chacun.

Bien sûr cela reste vrai jusqu'à l'entrée en université. Il apparaît clair qu'une fois le Brevet Citoyen mis en place, les citoyens bénéficiant ainsi d'une meilleure orientation, de meilleurs conseils et d'une lisibilité quant à leur trajectoire personnelle dans une société qui désire que chacun prenne son envol,

Nécessairement, il s'agit avant tout d'une question de moyens. Encore une fois, pas ces deniers de Judas qui divisent, mais tendre à limiter les effectifs dans les classes, remettre à jour les infrastructures sportives autrefois voulues par le Général de Gaulle, s'assurer d'une alimentation saine pour tous les mineurs scolarisés, mieux orienter collégiens et lycéens, créer les nécessaires passerelles entre universités et entreprises…

Pourtant, en 5 ans de responsabilités, les gouvernements Fillon n'auront réussi qu'à placer la France bonne dernière en termes de taux d'encadrement dans l'enseignement, selon un rapport de l'OCDE de 2011 : soit une dégradation continue, soutenue…voulue ? Pour preuve encore, l'autonomie des universités ; une réforme sans les moyens…

II/ L'adaptation aux mœurs d'un nouveau siècle : Introduction au Brevet Citoyen.

Le détail du Brevet Citoyen paraîtra fin avril 2012, explicitant et décrivant le concept suivant :

-   Le Brevet Citoyen sera exigé de chaque citoyen de la République, lui donnant ainsi accès à des droits certes légitimes, mais dont le bon exercice reste tributaire de la volonté de chacun de vivre en bonne intelligence avec son prochain. Ainsi, les stages de récupération de points de permis seraient regroupés sur cette année de Brevet, ainsi que la formation aux premiers secours, l'apprentissage de l'utilisation d'un défibrillateur, voire la mutualisation de temps de formation aux pompiers volontaires, comme un temps de service de type associatif dévolu à l'accompagnement des personnes âgées, ou tout autre structure dédiée au soutien de son prochain, et reconnue d'utilité publique.

- Le temps de cours récupéré sur le transfert des heures de philosophie hors du Lycée permettrait de récupérer selon les filières, du temps pour le français, les sciences, l'éducation physique. Cela ne se ferait pas au détriment de la philosophie, au contraire ; chaque citoyen aurait alors la possibilité de suivre les cours lors des sessions des Brevets...chaque année s'il le souhaite.

- Les temps de stage seront considérés comme faisant partie du Brevet, et permettra ainsi de sanctionner les entreprises qui auraient recours plus que de raison à des stages pour ce qui devrait être transformé en emploi. De même, le Citoyen effectuera, si il le souhaite, un stage en entreprise finalisant sa formation théorique, si cela est applicable, ou suivre une formation initiale de type militaire avec à l'issue de celle-ci, la possibilité de servir volontairement dans les Casques Rouges, les Casques Bleus, l'Eurocorps...ou les unités de soutien et de combat strictement nationales.

- Le Brevet Citoyen servira également de Sésame à l'accès à toute fonction publique d'état, ou fonction publique régionale, et conditionnera également l'accès aux allocations de toutes sortes. En effet, si les nationalistes demandent un peu trop bruyamment que les français récents soient « dignes » de l'aumône qui leur serait faite selon eux, il ne s'agit ici que de valoriser le parcours qui mène à la citoyenneté française, effectivement préalable à une aide conditionnelle. Le sujet sera développé plus avant en mars 2012, car il serait trop long de développer ici les différences à instaurer dans les régimes d'aides dédiés aux femmes seules ou chargées de familles, (françaises ou non), les ressortissants de l'Union Européenne, les étrangers à l'Europe...

- La clef de voûte de cet édifice reste bien sûr l'éducation, l'alpha et l'oméga de ce qui est également improprement appelé « l'intégration » ; l'effort de toute aide sociale sera donc d'abord considéré sous l'angle de la scolarisation, de l'aide à l'accès aux structures de petite enfance, au soutien scolaire aux éléments les plus égarés ; du conseil, de l'orientation et du soutien, puis à l'implication dans la société française rendue dès lors inévitable par l'obligation faite à chaque citoyen de voter aux élections nationales. Les élus de proximité étant plus susceptibles d'être directement sanctionnés par leurs électeurs, avec lesquels ils entretiennent souvent des liens fructueux.

- Evidemment, les mauvaises langues demanderont comment financer ce qui apparaît comme une nécessité, un choix de société...pourtant sans prix...et bien les JAPD, environ 150 millions d'euros par an ; participation à l'OTAN ; 150 millions par an (50 millions dévolus au brevet), Centre 2ème chance, (EPIDE) ; estimés à 20 millions...les formations chez les pompiers, par exemple, sont déjà financées; les "taxes" qui abondent le DIF, de la part des entreprises : il s'agira pour cet ensemble de formations, une fois identifiées, de les regrouper dans "l'offre" que constituera le Brevet Citoyen : il ne s'agira pas de faire travailler les organismes "ensemble"...Dans l'absolu ; 300 millions à réorienter sans problème majeur...sachant que ce sera moins cher que le service militaire...le pilotage se fera au niveau préfectoral (responsable), régional (infrastructures), communal (lien citoyen) : liaison interministérielle, pilotée par le ministère de l'intérieur ; chapeautée (pour le suivi et la philosophie) par l'éducation nationale, appuyée par le ministère de la défense. Force de proposition du secrétariat d'état à l'industrie, des PME, etc...ce pilotage ne devrait pas coûter plus cher qu'un ministère de "l'identité nationale"...l'argent est déjà là !

- L'astuce consiste à référencer des formations en amont, à "choisir" pour son parcours pour le Brevet Citoyen. Pas d'interférences ; chacun garde son "pré carré". Il s'agit bien de regrouper l'offre, orienter les choix, voire les obliger lorsque nécessaire, en tout cas pour une partie du Brevet...par exemple, les stages de recouvrement de points de permis.

- ...le chamboulement majeur se situera donc dans l'année qui suit le BAC...mais c'était le cas jusqu'en 1996, avant une descente du rythme jusqu'en 2001...le tout est de mettre au turbin les organisations patronales, (qui selon les rapports du medef, par exemple, sont en demande d'apprentis dans beaucoup de domaines qui embauchent), les antennes syndicales, (qui peinent à renouveler les générations)...enfin bref... de l'obligation de formation citoyenne, (stage premiers secours, utilisation défibrillateur, information sur les devoirs du citoyen, nécessité de vie "saine" afin d'alléger le recours systématique à la médication...), jusqu'à l'intervention d'associations de consommateurs (reconnues d'utilité publique), et les cours de philosophie, enlevés de la dernière année de lycée, (au profit d'un retour de l'enseignement de l'Histoire, renforcement du sport et du français), en passant par les cérémonies d'accession à la citoyenneté (déjà financées), il s'agit donc, encore, de créer une réalité sociale plutôt que la formule aussi creuse qu'incantatoire...le "vivre ensemble"...

- Lors de la mise en place du Brevet ; ouvert à une première classe d'âge ; 18-25 ans.

- Au bout de deux ans, 18-30 ans. Au bout de quatre ans, ouverture aux jeunes pré-retraités/retraités. Au bout de 6 ans, ouverture au 18-35 ans. A noter qu'au bout de deux ans, le "pôle-emploi" sera mis à profit également pour accompagner l'appui du Brevet

Citoyen...
On constate donc le retour d'un nouvel horizon pour la jeunesse française, un système qui le prendra en charge autant qu'il se prendra en charge lui-même. On peut voir aussi que dès que la « classe » 18-35 sera accueillie, rien n'empêchera d'intégrer en même temps une classe 60-62 composée de retraités volontaires, qui pourront renforcer les institutions nouvelles du Brevet en en tant que témoins, conseils, voire formateurs...

Comme on le voit à l'occasion de cette courte présentation, le système éducatif, se révélant de toute évidence obsolète quant à la formation du citoyen du XXIème Siècle, doit se réformer. Mais cette nécessité ne doit pas servir de prétexte à un rabaissement, à une correction, de ce qui fait que malgré tout le système éducatif français aura traversé ces deux derniers siècles en conservant à la France une place éminente dans le concert des nations...jusqu'à nos jours.

L'Emploi

Jules ADLER_ « La grève au Creusot »_1899

Qu'il me soit permis ici de répondre à un député, que l'honneur n'aura pas empêché comme bien d'autres, d'aller faire cour à Versailles, alors qu'il eut mieux fait de faire court à l'Assemblée, en stigmatisant l'élan d'une jeunesse inquiète pour son avenir et par trop consciente de son présent. Emporté par son dogmatisme comme par un lyrisme de circonstances, circonstances crées par un pouvoir plus sensible au marché qu'à l'écoute de ses travailleurs, ce député aura donc sermonné, du haut de son perchoir bâti sur son expérience à cette occasion mise en avant : « les jeunes, si jeunes, et déjà si vieux… »

Volà l'état d'esprit des dirigeants quant à leur jeunesse, dont ils ne veulent en rien écouter les cris, ce que je conçois, les récriminations, ce que je ne comprends pas, et enfin la souffrance…ce qui m'est insupportable. Comment peut-on ignorer que pour cette génération qui manifesta maladroitement en 2010 contre la mauvaise réforme des retraites, que l'entrée moyenne dans la vie active se fait aux alentours de 27 ans ? Comment excuser cette tirade du Député, ignorante si elle n'est condescendante, quand on sait le système aliénant des stages dans les entreprises en France ? Comment ne pas reprocher à cet élu de la République, nous représentant tous mais stigmatisant la seule jeunesse, quand on sait les stigmates qu'elle porte déjà, d'occulter le chômage des jeunes qui produit non pas cette peur, (attribuée), de l'avenir, mais la naissance d'un sentiment de désespoir sur les **perspectives** de ce même avenir.

Voilà donc une jeunesse dont les retraites auront été captées par un ministre à la moralité mise en doute, et à l'expérience américaine connue, quant à sa capacité à liquider le mince capital dont les travailleurs entendaient disposer après toute une vie de labeur. Les salariés d'Enron s'en souviennent.

Et bien avant même d'y être entrés, « les jeunes » savent qu'ils auront peu de chance d'en sortir en bonne santé, et simplement de profiter de l'Hiver de leur vie, tandis que les réformes iniques pleuvent sur leurs Printemps. Entrée tardive sur le marché du travail, sortie repoussée de celui-ci : ces nouvelles annoncées alors que le taux de chômage « des jeunes » reste le plus élevé de toutes les catégories artificiellement créées…et pour toute réponse, des défilés, des manifestations, des prises de parole ?

Alors non, monsieur le député, cette jeunesse n'aura pas été récupérée par un quelconque parti politique en mal de représentation, certes ce mouvement aura été ensuite instrumentalisé par tous les bords, dont le vôtre, mais ne dites pas que cette jeunesse a eu tort de dire sa souffrance, son mal-être…son sentiment d'abandon.

Pour autant, il ne s'agit pas pour ces actifs de demain de se soustraire à l'effort d'une nation qui se soucie d'elle-même, de ses pauvres et de ses anciens…bien que les tentations soient grandes au vu des humiliations subies : il s'agit pour cette jeunesse, qui saura prendre soin d'elle-même comme de ses aînés, et de sa descendance à venir, de trouver un travail correctement rémunéré dès aujourd'hui. Je loue leur patience, je comprends leurs irritation, j'excuse certaines saillies toutes aussi dogmatiques que la vôtre.

En matière d'emploi, l'effort de l'Etat est donc à recentrer entièrement sur l'emploi des jeunes. Il ne doit pas s'agir d'une formule creuse, il s'agit ici de changer des paradigmes ; mieux rétribuer un jeune qui s'installe dans une société qu'un ancien. Il s'agit bien de changer la courbe d'évolution salariale, qui profiterait ainsi également à ceux qui sont considérés de manière aussi vulgaire que brutale de « séniors ». En effet, la masse salariale n'ayant plus vocation à grimper de manière exponentielle du simple fait du temps, les entreprises n'auront plus comme tentation la mise en pré-retraite ou le licenciement de cette classe d'âge, restant du coup, très rentable. Ces mêmes entreprises auront également avantage à mieux rétribuer les plus jeunes, motivant, fidélisant et stabilisant une jeunesse encore inquiète. Une diminution de mis en pré-retraite ne pouvant être que bénéfique pour les caisses de l'Etat.

C'est donc bien l'Etat qui devra favoriser les accords de branche pour les réductions de masses salariales des « fins de carrière », sans que cela ne leur porte bien sûr préjudice. Il faut donc préciser à présent que des slogans exagérés, hélas repris dans les cortèges de 2010, établissant une arithmétique enfantine que pour un départ à la retraite, c'était une place de libérée pour un jeune...rien n'est plus faux, car le cycle de création d'emplois, comme de destruction, reste lié aux avancées technologiques et sociales de toute une société.

L'exemple pris dans cet ouvrage étant celui du « poinçonneur des Lilas ». En effet, si l'on en revient à l'époque des poinçonneurs, il faut comprendre que leur disparition est due autant aux avancées des machines, les portillons et billets magnétiques, qu'au choix conscient ou non de la société de voir un métier disparaître. Face à cette avancée technologique, que faire ? Mettre tous les poinçonneurs à la retraite alors même qu'ils n'ont pas tous l'âge, plutôt que les former ? Les licencier et engager des jeunes, qu'il faudrait pourtant former exactement de la même manière ?

Comme on le voit, ce n'est pas le départ d'un retraité qui fera naître un poste, automatiquement, pour un jeune. Une formation de technicien à l'entretien des portes magnétiques fera même, du fait de cette avancée technique, que moins de personnel sera nécessaire, et qu'il n'y aurait aucune différence entre former à ce nouveau métier un jeune ou un ancien. L'entreprise conclura pourtant que du seul point de vue économique, il sera plus rentable de mettre l'ancien poinçonneur en pré-retraite, à la charge de la collectivité, et de prendre un jeune, que tout autorise aujourd'hui à payer moins cher.

Aujourd'hui, c'est la grande distribution qui a cet air de Gainsbourg dans la tête, et le fredonne pour ses caissières...

S'agissant des stages en entreprises, je propose donc qu'il soient fait au gré du Brevet Citoyen, afin qu'ils ne soient plus vécus comme autant de purgatoires par de jeunes professionnels souvent diplômés et surtout capables, et qui enragent de devoir trop souvent encore effectuer un métier réel au sein de sociétés qui maquillent ce service rendu avec le statut de « stage », faisant l'économie de rétribuer la personne à hauteur du travail fourni. Pour lutter contre ce fléau, il est envisageable que l'Inspection du Travail, en liaison avec les Chambres de Commerce et d'Industrie, établisse des indicateurs de performance des entreprises, observant le ratio stagiaires/temps/bénéfices, et surtout fréquence de recours à un stagiaire pour un poste identifié. Cette réflexion doit également servir à l'abus de CDD, deuxième facteur de précarisation des jeunes.

Car ces nouveaux entrants sur le marché du travail, tenus véritablement en laisse par ces stages à répétition, ces CDD sans fin, sont ensuite observés avec distance par les institutions bancaires, qui ne leur accordent que peu de crédits, dans tous les sens du terme, du fait d'une instabilité qui est imputée d'office à cette même jeunesse. C'est pourquoi il sera nécessaire de légiférer **contre** les banques, **pour** que les jeunes sans emploi jusqu'à 27 ans, puissent ouvrir un compte dans tout établissement bancaire **de leur choix** : la nécessité de défendre alors la gratuité du chèque sautera aux yeux de chacun. L'ironie du spectacle viendra des soubresauts du monde des usuriers, vexés qu'on les oblige à prendre clientèle.

En conclusion de cette réflexion bien sûr ici condensée, c'est bien la jeunesse qui doit être non pas favorisée aux dépens d'autres catégories de travailleurs, mais remise sur un pied d'égalité avec les autres acteurs du marché du travail. Des lourdeurs existent, tant administratives que juridiques, souvent mises en avant par un patronat qui trop souvent n'écoute que son actionnariat, lorsqu'il ne s'agit pas de PME/PMI qui n'ont pas les moyens, le temps d'améliorer ces situations qui sont souvent pénibles pour elles aussi. Le premier corpus que l'actionnariat voudrait effacer, avec pour seul argument des théories libérales qui promettent d'aplanir tous les problèmes, serait le Code du Travail.

Il est vrai que celui-ci s'est complexifié plus que de raison. Il apparaît comme nécessaire non pas de « l'assouplir », mais bien de le renforcer, le corseter de telle sorte qu'il puisse répondre tant aux aspirations légitimes des travailleurs, qu'aux aspirations non moins légitimes des entrepreneurs. Certes, s'il est utile et sain de reconnaître que le seul but d'un entreprise reste de s'enrichir, il ne faut pas que cela se puisse faire au détriment des hommes qui les composent, qui sont la vraie richesse à pérenniser, à faire fructifier.

Le prochain sujet dont les syndicats, le patronat et les citoyens devront se saisir au travers du Conseil Economique et Social, sera donc le nécessaire élagage du nombre de contrats de travail. En effet, un compromis reste à définir entre l'efficacité même de ce contrat, dont la vertu première devrait être d'assurer un avantage mutuel aux partis, et la possibilité d'en sortir au besoin, lorsque celui-ci est avéré. Ce qui est certain, c'est qu'il y en a bien trop, et que la connaissance des implications et conséquences de ceux-ci obère sur la compétitivité du pays, et donc, ironiquement, sur l'emploi en lui-même.

Le bilan est catastrophique, apocalyptique. L'aveuglement, ou l'indifférence des dirigeants à considérer qu'une baisse de chômage, de « bons chiffres », reste la preuve de leur bonne gouvernance est hallucinant de morgue. Ce furent pourtant pendant 5 ans des hausses continues, tempérées par des pauses triomphalement portées en majesté par les séides de l'UMP, qui refusaient de voir que leur politique était la raison essentielle de l'accroissement du chômage en France. Toute récrimination portant l'habituel alibi de la « crise », sera utilement portée en comparaison du sort des travailleurs en Allemagne au cours de la même période, pays dont ils aimeraient désespérément se rapprocher d'un point de vue social…il semble que les énarques de l'UMP aient appris qu'il existait encore la noblesse en tant que classe sociale en Allemagne, et œuvrent, plus même dans l'ombre, au rapprochement tant désiré, jusqu'à vouloir réécrire le récent rapport du Sénateur Bourquin qui montre pourtant que les lunes après lesquelles les jeunes loups de l'UMP croient pouvoir hurler, coût du travail et 35 heures, s'avèrent totalement fausses : de simples postures idéologiques qui pour qu'elles puissent encore être proférées, doivent maintenant être formulées comme de bons mensonges, et défendues comme une propagande électoraliste.

Sur ce rêve « d'alignement social », il est certain que l'atavisme de cette formation politique pousse ses adhérents et thuriféraires à se voir déjà en haut de l'affiche ou des classes sociales, au choix. Mais ils sont encouragés en cette entreprise par des penseurs d'autres écoles, dont les saillies dogmatiques restent pourtant frappées au coin de l'école du rire ; que l'on se souvienne de ceux de leur bord qui déclaraient avec sérieux que la crise était purement psychologique !...ou encore, pour continuer sur la comparaison avec l'Allemagne, que les hausses de salaires qui avaient eu lieu à cette époque étaient « …la pire erreur qu'ils auront jamais fait… ». Et que dire de tous ceux en France, qui ont tout simplement amélioré les « chiffres du chômage », en disparaissant des statistiques parce qu'arrivés en fin de droits ? En effet, ils ignorent, ils nient que des millions, oui **des millions de travailleurs sont considérés comme pauvres, en France, au XXIème siècle.**
Victimes de ces « bons chiffres », (les seuls à être mis en avant), après avoir connu le chômage pendant une période plus ou moins longue, ils s'épuisent en une, ou plusieurs activités rémunérées qui maintiennent l'illusion que le taux de chômage est bien l'indicateur d'une bonne santé

économique. Ce mensonge touche à l'infamie lorsque l'on voit les Restos du Cœur, baromètre un peu plus juste de ce qu'est une bonne santé économique, ont une croissance qui va jusqu'à éveiller le cynisme des banquiers qui en viendraient à souhaiter l'introduction en Bourse de cette œuvre de charité.

Que l'on ne s'y trompe pas : si il n'y a pas dans cet ouvrage une avalanche de chiffres, c'est qu'ils sont constamment sujets à cautions, à questions ; en revanche, il y a des situations à mettre en lumière.

Depuis que le Soldat Coluche s'est dressé contre l'empire de l'indifférence, tant des politiques que des financiers, les choses n'ont hélas pas beaucoup changé...la France doit se distinguer des autres nations en considérant pleinement le moindre de ses citoyens. Cette considération passe nécessairement par un service public d'accompagnement au retour à l'emploi, qui ne vende pas son âme en stipendiant des officines privées dont l'intérêt sera d'avoir toujours de la « matière » à traiter, donc des chômeurs...nécessairement, les indemnisations ne devront pas faire concurrence à un retour à l'emploi : la question à poser reste donc le niveau de rémunération des français. Le gouvernement de 2012 devra initier une discussion entre patronat et syndicats afin qu'aboutissent en 2014 des accords de branches permettant une augmentation significative des salaires, en prenant en compte les impératifs de chaque parti, en considérant tous les aspects de la question, de l'inflation à la compétitivité.

Le discours de l'UMP hélas, consiste à trahir le pragmatisme habituel de ce qui est considéré comme étant de « la Droite » ; il est donc infect de mettre sur un pied d'égalité, au prétexte de courtiser les « classes moyennes », les dérives des plus riches comme valant les dérives d'un système social dédié aux plus pauvres. Il n'y a la aucune correspondance qu'une âme réfléchie ou, disons le mot, charitable, puisse accepter lorsque ce sophisme qui voudrait imposer l'idée que l'abus des plus riches vaudrait celui des laissés pour compte, est rebattu jusqu'à devenir propagande.

Si l'on analyse les arguments malhonnêtes qui sont clamés sur la place publique, il faudrait tout simplement s'imaginer que le système que voudrait imposer la « Droite Sociale » autoproclamée, soit un système qui soutienne plus et mieux les « classes moyennes », plutôt que les 8 millions de travailleurs pauvres...mais dès lors que ce système serait instauré, les français qui se considèrent de la classe moyenne devront savoir qu'en cas d'accident de la vie, si ils avaient le malheur de devenir travailleurs pauvres, avant de devenir pauvres tout simplement, ce système inique demandé par l'UMP ferait qu'ils n'auraient alors plus de soutien de l'Etat, de la société...hors les Restos du Cœur. Par la suite, en cas de crise financière, leur propension à réagir de manière excessive fera qu'au prétexte de celle-ci, les ministres de l'UMP invoqueraient alors la rigueur, et justifiant ainsi les coupes dans les crédits dévolus aux aides sociales dans leur système déjà si peu généreux...bienvenue en Amérique !

Ainsi, la vocation même de ce que l'on appelle la Sécurité Sociale serait mise à bas...au prétexte fallacieux que des riches qui s'en moquent et des pauvres qui ont faim usent et abusent d'un système perfectible par nature.

Parmi d'autres, voilà bien une des attaques les plus violentes de l'UMP contre ce qui fut acquis de haute lutte par nos aînés au lendemain de la Seconde Guerre Mondiale, appliquant concrètement les directives du Conseil National de la Résistance, (CNR). La volonté aristocratique de rabaisser une plèbe qui se serait hissée trop haut est ici manifeste, et la trahison de ce qui reste une valeur forte de la droite, un certain pragmatisme social autrefois nommé Gaullisme, et nous rappelle ce que fit Brutus à César...est-il étonnant que cela se passe ainsi, lorsque les ministres choisis par le pouvoir en place parlent du chef de l'Etat actuel comme étant un « néo-conservateur américain à passeport français » ?

Jean-Léon Gérôme_ «Le procès de Phryné »_1861

Il me semble qu'en cinq années, ce n'est rien de moins que la confiance en la Justice qui aura été enlevée aux français. Je ne parle pas ici de la confiance en l'appareil judiciaire, reflet d'une histoire longue, riche et tumultueuse, appareil nécessairement en décalage face au bouillonnement incessant de la société française ; je ne parle pas davantage de l'étirement dans le temps de la restitution de cette même justice, le citoyen ayant saisi, intégré, l'échelle temporelle propre de cette institution qui sous bien des aspects apparaît parfois au profane comme un temps géologique, pas de prime abord adapté au temps des hommes qui souffrent de trop attendre un verdict, encore moins au temps médiatique du XXIème siècle.

Pourtant, c'est bien le mouvement lent, souterrain et continu que constitue l'évolution des sociétés qui au fil du temps, qui aura ossifié en quelque sorte cette confiance en un ministère qui aura gardé son nom depuis des siècles. Hélas, en 5 ans, tout aura eu le temps de basculer, du fait de l'agitation vulgaire du début de quinquennat, agrémentée d'un réforme qui aura réussi à placer la justice française, en un classement qu'affectionne tant d'ordinaire l'UMP et venant du Conseil de l'Europe ; au 35e rang sur 43 pour son effort en faveur de la justice, proportionnellement à la richesse nationale.

Croyant pouvoir s'inspirer de la nomination d'un bandit, Vidocq, à la tête de la Police pour devenir plus efficient, le gouvernement en date aura nommé dès le début comme garde des Sceaux, une personne qui n'avait jamais eu la formation nécessaire pour cette tâche, ni même l'expérience du crime. Peut-être encore les plus ardents de l'UMP, thuriféraires de l'Allemagne en tout, pourraient-ils lui reprocher aujourd'hui de n'avoir pas démissionné à l'image d'un ministre de l'économie, confondu pour avoir falsifié ses compétences académiques ; en effet, on ne saurait les suivre, car là ou l'un avait falsifié, l'autre avait simplement menti, ce qui dans le dernier quinquennat fait partie de la norme.

Là où l'erreur devient plaie béante, c'est lorsque croyant reproduire l'expérience de Vidocq avec une incompétente en la matière, (il s'agissait d'une femme), le gouvernement s'aperçoit tardivement que dès lors que la violence est contenue, distillée en faveur du plus grand nombre, c'est-à dire au profit de la société, cette violence devient alors une force qui amène l'Ordre…mais ce schéma, s'il a pu fonctionner en son temps au ministère de l'Intérieur, ne pouvait en aucun cas fonctionner au ministère de la Justice : celui-ci, tout imparfait qu'il puisse être, a pour vocation de sanctionner, **aveuglément**, l'utilisation de la violence ou même de la force…fut-elle de l'Ordre.

Malgré une correction tardive, le gouvernement Fillon, quelle qu'ait été sa numérologie, n'aura pas su arrêter la dynamique destructrice du sentiment de confiance des français envers la Justice…encore plus envers son ministère. Plus grave, à la suite d'attaques répétées sur tous les modes, les juges d'instruction en sont devenus, de par la charge d'incompétence crasse de bien des acteurs de ce gouvernement, des boucs émissaires. Selon une **vision** développée depuis le ministère de l'Intérieur, la force de l'Ordre a vocation à devenir la Justice.

J'utilise le terme vision à dessein, car c'est bien ce qui constitue un délire qui aura amené à la première fracture nette, dangereuse à un point dont il ne faut pas sous-estimer les conséquences durables.

Cette conséquence visible s'est produite lorsque les forces de l'Ordre, convaincues d'être soutenues par le pouvoir en place, en sont venues à manifester devant un tribunal, usant des attributs de notre République pour intimider ceux qui défendent le Droit, **occuper le territoire national avec le matériel et les armes dont leur honneur les rendait comptable aux yeux de chaque citoyen**, et devant leur conscience. Peut-être n'eurent ils pas conscience, justement, qu'en agissant de la sorte ils foulaient au pied le concept même de force de l'Ordre, et devenaient pleinement des acteurs de la violence. La régression crasse du fait républicain sous ce gouvernement délétère est manifeste, et se manifeste. Est-il utile de rappeler au lecteur que ces policiers en uniformes et en armes manifestaient, sirènes et gyrophares en action, pour soutenir des criminels qui brièvement, portèrent également **l'uniforme** qu'ils choisissaient de salir publiquement ?
Et bien cette frange des forces de l'Ordre, que je sais, que je veux croire et ne voir que comme étant une infime fraction de policiers dévoyés, furent soutenus jusqu'à l'abjection par le ministre de l'Intérieur de l'époque, par un préfet dont le poste reposait sur le népotisme, et par un syndicat d'officiers de police qui décida, après s'être affranchi du sens du devoir, de fouler au pied jusqu'au mot « officier »...certes, il est possible que du fait d'avoir eu un temps l'honneur d'être officier, je réagis d'une manière plus heurtée que ne le pourrait un autre candidat à la présidentielle, mais ceci ne constitue pourtant pas une promesse, mais une certitude ; arrivé au pouvoir, je ferai sanctionner autant que faire se peut les fonctionnaires dévoyés, la notion d'honneur n'étant pas négociable.
Après tout, en son temps, Clovis ne fit rien de moins que justice en souvenir du vase de Soissons, et il reste important de rasséréner l'immense majorité des fonctionnaires œuvrant pour chaque citoyen au sein des forces de l'Ordre : ces comportements, même si ils ternissent l'image de la police, ne sont en aucun cas représentatifs de ce qui constitue encore l'une des meilleures polices d'Europe.

Ce préambule pour affirmer que la lecture de Montesquieu s'est perdue, depuis 2007, (si ce n'est 2003), entre l'effervescence d'un Taser et le caporalisme terne d'un énarque jamais élu. Ce triste personnage d'ailleurs, ayant bien pris soin par ailleurs de faire valoir ses droits à la retraite avant que celle-ci ne soit amputée par un homme aussi capable que lui, se prendrait pour un Père Joseph alors qu'il n'a aucune stature quand bien même il se tiendrait sur une éminence, et n'a que la mine qui soit grise.

Ce triste sire donc, croit pouvoir décider de la lecture que chaque citoyen devrait avoir de « *L'esprit des Lois* » affirmant avec toute la fausseté qu'on lui connaît, que l'équilibre de la République repose sur la stricte séparation des pouvoirs législatif, exécutif et judiciaire ; or, il n'en est rien, et une lecture *a minima* intelligente de cette œuvre majeure de Montesquieu permet au premier venu de constater que celui-ci pose les termes non pas d'un équilibre clairement défini, mais d'un équilibre des forces, forces par ailleurs soumises à des tensions parfois contraires, issues de société en mouvement, changeantes. Nulle part il n'est sous-entendu que l'on pouvait s'affranchir des Lois, y compris pour rétablir l'ordre.

Il faudra d'ailleurs que les héritiers du pouvoir de 2007 à 2012 se rendent bien compte de la vacuité de leur course « sécuritaire » ; en effet, quel que puisse être le prisme sous lequel on s'essaie à présenter l'efficience des forces de l'Ordre, on ne peut écarter le fait définitif que celles-ci n'ont vocation à rétablir l'ordre…qu'après que celui-ci vienne à manquer. Le même insurpassable truisme conditionne la justice à n'être rendue…qu'une fois que la faute a été commise.

La liste des décisions à prendre au pouvoir ;

-La fin du plaider coupable. A mon sens, au pays du Code Civil, c'est une faute intellectuelle qui voudrait contredire même la notion de procès. Les différences entre les pays se basant sur la *Common Law* et le Code Civil se manifestent, par exemple, dans le fait que l'on puisse condamner un homme à des siècles de prison. Cela ne se peut faire en France, du fait justement de l'esprit des Lois, comme du fait de la technicité du Code Civil qui pourtant n'interdirait pas que cela se puisse faire : il suffirait que le législateur enlève ce verrou…qui est, et reste, culturel. On le voit, l'importation de cette procédure ayant vocation, avouée, de ne pas rendre meilleure justice mais simplement plus expéditive, devra cesser au plus tôt.

-Le strict maintien des juges d'instruction.

-La fin des citoyens-assesseurs.(L'expérience sera menée à son terme au vu des crédits engagés, et par acquis de conscience, sans aucune illusion sur le résultat de l'étude).

-La fin symbolique d'une disposition du code des impôts_(somme non remboursée en dessous de 8 euros).

-La fin de l'avocat-VAE. S'agissant d'un article sur la justice, il me paraît nécessaire de rendre justice aux étudiants qui investissent temps et argent, travaillent à leur vocation en suivant des études de droit et investissant du temps dans des stages validant un parcours qui montre leur motivation, alors que pendant ce temps, copinage, népotisme et affairisme permettent aux gens bien nés, ou plus précisément ayant été formé au XVIème arrondissement de Paris, de devenir avocat sans effort, **sans travail,** sans diplôme et surtout…sans honte.

-La mise en place des actions de groupe en justice ; contre la vente d'actions Natixis, et contre la vente forcée « Lynkis » d'EDF, pour commencer…A partir d'un seuil à déterminer, le Défenseur des Droits serait sollicité pour cautionner, formaliser et porter ensuite ce genre d'action groupée.

-Remise en question du protocole de Londres. Les français savent peu que l'idéologie de leurs élites aura fait en sorte qu'aujourd'hui, en pratique, ils peuvent être condamnés pour n'avoir pas compris un texte rédigé en une langue étrangère. Certes, il s'agit aussi de ma part d'une volonté de soutenir la langue française, mais la question posée reste celle de la justice.

-Le ministère de la Justice remboursera également Monsieur Jean-Luc

Godard, cinéaste, pour avoir fait preuve de grandeur dans un petit geste. Ainsi un citoyen fut-il victime de la répression de l'assemblée connue sous le nom de « hadopi » ; ainsi Monsieur Godard remboursa-t-il ce même citoyen. Sans présager de ce que deviendra la création artistique lors de ce siècle d'un point de vue économique, il est à souhaiter que cette élégance en reste la marque : celle de la confiance et du respect.

A la fin de ce petit chapitre, permettez-moi d'indiquer encore une action à mener à l'endroit de ce qu'il s'agit de percevoir aujourd'hui comme étant une institution : Le Prix Busiris. Il convient de croire qu'une fois le pouvoir obtenu, je ferai en sorte de pérenniser celui-ci, qui ne devrait plus appartenir à un seul, malgré ou à cause de son talent. (Je parle ici du Prix Busiris, pas du pouvoir obtenu).

Et si il advenait que je perde cette élection, j'exigerai tout de même faire partie de plein droit du jury de ce prix, qui à mon sens travaille à l'efficace diffusion du sentiment de justice…certes, il ne s'agit pas encore d'une tradition, pas plus d'une coutume, encore moins d'une loi. Pourtant, il restera nécessaire de travailler à faire connaître ce prix auprès du grand public ; en définitive, une sorte d'agence de notation de nos hommes politiques. (Je crois savoir que Maître Eolas eusse mieux aimé que l'on appela ce nouveau Directoire Busiris la Haute Chambre des Secrets, mais il y a aujourd'hui en France trop de Hautes Institutions, ce qui n'est un secret pour personne…).

La santé

Charles-Louis Muller_ « Pinel fait enlever les fers aux aliénés de Bicêtre »_

La guerre des âges aura-t-elle lieu ?

Tous ceux qui se soucient de « leur pays », formule étrange, et qui réfléchissent sur les moyens de sa protection sociale, de son système de pensée, doivent lire cet ouvrage de Jérôme Pélissier : « La guerre des âges aura-t-elle lieu ? ». Ce constat nous dit bien que le danger n'est pas seulement dans des opérations comptables dont après tout, justement, nous pouvons changer les modes de calcul à notre gré. Il s'agit de la perception que nous avons de la jeunesse, de la santé.

Nous qui sommes aliénés aujourd'hui par une vision consumériste qui entend ne valoriser que le bien portant, la jeunesse et la réussite sociale, liée de manière crasse à l'argent, nous devons combattre pour que le système de sécurité sociale, et donc notre système de santé, soit entièrement préservé. Dans le chapitre sur l'économie, nous voyons que ce sont autant de malversations, de coupes insidieuses et de détournements qui font apparaître ce système comme un tonneau des Danaïdes.

Dans ce chapitre, il s'agit d'affirmer que c'est, avec la Justice, le dernier élément fédérateur pour une jeunesse qui n'a plus aucun autre jalon dans la société. Mis à mal dans le monde du travail avant même d'y entrer, vers 27 ans, effrayé de travailler tard pour une retraite qu'on lui dérobe, le jeune citoyen ne peut le rester que si il sait que malgré tout, les offenses qui lui sont faites peuvent encore être condamnées, et si il sait que fondant une famille, quels que soient ses revenus, il pourra faire face comme tout un chacun aux affres de la maladie, profitant ainsi de l'efficience d'une médecine française si performante ; alors ce jeune citoyen, cette jeunesse française, aura encore une raison de se battre pour quelque chose **ensemble**, c'est-à-dire ayant compris qu'il ne s'agissait plus d'individualisme mais de solidarité. Ces mots peuvent paraître galvaudés, à l'heure ou des conseillers du pouvoir en place de 2007 à 2012 auront voué leurs connaissances, leurs réseaux et leur sinistre influence à détruire ce système né dans une France qui était alors bien plus exsangue qu'aujourd'hui, à l'image d'un Denis Kessler.

Voilà la question que se pose la jeunesse de France, celle-là même qui aura manifesté en 2010. Sans qu'elle n'ait encore rien fait pour la creuser, on les rend responsable du poids de la dette. Sans qu'ils n'aient encore surmonté les affres de la vie en société, on annonce aux jeunes que leur future progéniture, elle aussi, sera redevable, et travaillera d'abord à étancher la soif de ceux qui ont dépensé sans compter, et comptent encore consommer.

Ce que l'on propose aux jeunes, chiffres à l'appui, c'est une plus mauvaise couverture sociale, une plus mauvaise médecine, un panel de solutions viables…mais uniquement pour ceux qui travaillent, consomment. Ce que l'on propose aux jeunes français, c'est de rejoindre la vision dogmatique de la retraite par capitalisation des Etats-Unis, qui constate au même moment qu'il lui manque 6600 milliards pour être viable. En somme, on propose à la jeunesse française d'accepter la théorie qui voudrait qu'elle soit née non pas au mauvais endroit au mauvais moment, mais née avec le mauvais système de protection.

Que l'on songe que pendant 60 ans, une France qui était sortie exsangue de la guerre, faisant face à la décolonisation comme aux changements de paradigmes sociaux et mondiaux, 1968 et 1989, aura réussi à créer, faire vivre et pérenniser la retraite par répartition, ce concept de Sécurité Sociale attaqué frontalement dès 2003 par Fillon, qui souhaite parachever le crime en 2010. En seulement 7 ans, alors que ses idéologues répètent avec lui qu'il chérit les acquis du Conseil National de la Résistance, il aura fait passer la captation des prélèvements obligatoires à hauteur de 10 milliards pour les retraites capitalisées. Son imparable argument consistait à souligner la baisse continue, soutenue et rapide des cotisations pour la retraite par répartition : baisse qu'il avait lui-même instaurée, au travers des PERP, PERCO...

Le résultat, dès 2009, installe donc les plans de capitalisation à hauteur de 10 milliards d'euros de cotisations, sur les 230 versés au régime général. Cela peut sembler infime, mais la dynamique établie pour des produits aussi jeunes face à la pérennité du système en place indique le sens réel que le dernier gouvernement entend donner au système des retraites. Et la réforme de 2010 comprend les mesures qui ne manqueront pas d'accélérer encore le mouvement.

C'est une aubaine, bien sûr, pour tous les assureurs, qui multiplient les offres d'assurance retraite par capitalisation.

Il faut réfléchir dans ce chapitre, au fait que le système de santé se retrouve sous le coup du même processus de destruction au profit du secteur des banques-assurances, qui publient depuis 10 ans toutes les études idoines qui démontrent clairement cette « réalité » qu'ils appellent de leurs vœux...et que nous finançons déjà un peu. Le premier exemple rapide étant, par exemple, le déremboursement de nombre de médicaments.

Tout cela constitue une agression sur notre système de santé. Certains professionnels nous disent que pourtant, en conservant l'idéal du CNR, il est possible de le réformer, le rendre plus efficient : faisons le. Dans le chapitre à suivre sur l'économie, il est aussi démontré que les sommes **détournées,** affaiblissent encore ce système qui nous apporte tant : faisons cesser cela. Il est certain que certaines corporations profitent de leur position, mais à bien y réfléchir, il s'agit là de monopoles, par ailleurs réglementés et soumis au bien public, qui garantissent également la stabilité de ce système de santé.

Prenons par exemple les pharmaciens. Beaucoup souhaiteraient pouvoir leur faire concurrence et vendre sur internet des produits qui ne nécessiteraient pas d'ordonnance…voire…Ma position est de dire que l'usurpation d'identité sur internet, la nécessité de protéger les mineurs, les personnes fragiles et isolées, la nécessité même de créer un lien avec nombre de personnes âgées, (nombre qui ira croissant), doit obliger la vente de médication à se faire **exclusivement** en pharmacie. L'évolution des sociétés, bien sûr, ne saurait ensuite interdire à des personnes connues de leurs pharmaciens à pratiquer des achats sur leurs sites sécurisés.

Ainsi, il est même envisageable d'accompagner au développement de ces pharmacies virtuelles, sur la base de la réalité de l'officine. Taxe sera prélevée pour le financement du service de surveillance de ce type de commerce sur la Toile, et surtout la traque des faussaires et autres filières illégales.

Toutefois, à travers ce court exemple citant la pharmacopée, que le citoyen français devra apprendre à consommer mieux, au travers du Brevet Citoyen également ; il s'agit d'expliquer à certains qu'il en est de certains monopoles comme de la démocratie : détenus par tous, ils s'imposent pour le bien de chacun.

-Le sujet est à la fois trop vaste et nécessitant à chaque fois nombre de précisions, devant le nombre de spécialités médicales existantes, mais le sujet du « désert médical » ne saurait être combattu que par un relèvement, encore, du Numérus Clausus, puis par des incitations financières pour l'établissement de la relève dans les endroits de France en souffrance.

Pourtant, c'est au niveau local que les aides de l'Etat devraient se faire. Ce que les Conseils Généraux et Régionaux, les Mairies pourraient offrir en terme de prise en charge des frais d'assurance, (astronomiques pour ces professions), d'offre immobilière, tant professionnelle que personnelle, de soutien administratif ou logistique ; tout cela devrait être compensé par l'Etat, pendant 8 ans.

Une taxe sur les assureurs sera créée pour financer le tout. Il est évident que tout assureur qui voudrait augmenter ses tarifs au public pour compenser cette « perte », alors même que les compagnies d'assurances sont richissimes, bénéficiaires, serait perçu comme voulant se soustraire de cette cause nationale…et sera par la suite imposé en conséquence.

Le dernier sujet est celui de « L'Or Gris ». Certes mon projet s'adresse d'abord aux jeunes, mais l'on m'accordera aisément que les progrès de la médecine qui auront accompagné une pénibilité du travail allant s'amoindrissant, aura fait que la plupart d'entre nous connaissons, fréquentons et aimons des « Vieux », et il est à espérer que tous puissions être fiers de la France que nous laisserons à nos petits-enfants ; aussi est-il légitime dans un chapitre sur la santé que de se soucier de ce lien générationnel que des personnages sinistres de ce dernier quinquennat voudraient voir mort…au plus tôt, à l'image de monsieur Kouchner qui le regrette publiquement dans « Le Quotidien des médecins »…

Et puis, lorsque l'on laisse les banques, la finance et sa logique du lucre s'emparer des maisons de retraite, alors la notion de rentabilité conduit à la réalité décrite dans des ouvrages tels que « L'Or Gris », de François Nénin avec Sophie Lapart, ou encore « On achève bien nos vieux, de Jean-Charles Escribano ».

Au-delà de la nécessité de conserver un service public fort, dont la vocation de s'occuper de tous au mieux n'exclue pas, au contraire, impose même une notion de contrôle incontournable, il sera urgent de reprendre au secteur financier la gestion des maisons de retraite, rendre impossible la mise en bourse de places de lits dans les maisons de retraites, quelles qu'elles soient. Tous les moyens coercitifs de l'Etat devront tendre vers ce but.

Pour ceux qui jugeraient ces avis comme étant encore trop « marqués », je leur conseille la lecture d'un blog qui décrit les intérêts des frères Sarkozy dans le monde de la santé :

http://pharmacritique.20minutes-blogs.fr/archive/2009/03/05/alzheimer-nouvelle-fondation-de-cooperation-scientifique-mai.html

Et ensuite, prendre connaissance de la nature des éditos de Richard Liscia, rédacteur en chef du Quotidien du médecin :
« Même les gens âgés doivent participer à la production nationale (…). Si nous étions extrêmement cyniques, nous dirions que le moment arrive où,

du point de vue de la dépense publique, il vaudrait mieux que meurent les gens qui veulent rester oisifs »

Enfin, une des sources de ce chapitre :

http://jerpel.fr/spip.php?article173

Ainsi, vous avez une vue nette du système de santé voulu par les gouvernements Fillon : nous remettre les fers, en nous traitant d'aliénés.

Partie 2

I/ Les projets industriels

a. Projet Cyrano.

Le prochain projet français devra être, à l'échelle d'une nation et reprenant les avantages du GIE qui aura fait le succès aujourd'hui européen d'Airbus, la construction d'un ascenseur spatial.

Les compétences uniques à développer pour commencer cette aventure industrielle qui n'aura pas vocation à être délocalisée, devront aller de la mise en place d'un parc informatique conséquent, à la maîtrise des nanotechnologies.

Projet Cyrano ; un ascenseur orbital :

But : conserver l'avance de la France dans le domaine de la satellisation, développer les technologies nécessaires à cette nouvelle avancée dans la conquête spatiale. Accompagner le développement privé de la conquête spatiale. Trouver des débouchés à l'échelle industrielle à la technologie des nanotubes de carbone. Créer des industries non « dé localisables » du fait de leur niveau de maîtrise technologique.

Moyens mis en œuvre :

Après l'accélération de la mise en œuvre d'Ariane 6, par le biais des financements dévolus à ce système, il s'agira pour l'Etat français de se désengager d'Ariane 6, en cédant au fur et à mesure sa participation dans cette structure, et reporter bénéfices et budgets usuels dans la réalisation de l'ascenseur orbital. Le fonds d'investissement stratégique, la banque de France, la Caisse des dépôts et consignations, de même que le citoyen ordinaire pourra participer à la mise en œuvre de ce projet. Après la phase de mise sur pied, qui ne devra pas durer plus de deux ans, il sera possible aux investisseurs privés de rejoindre ce consortium, qui restera **constitutionnellement** à 70% aux mains de l'état français. Au vu de l'évolution sociale des pays de l'Opep, au regard des technologies développées et de la fin programmée de l'exploitation des combustibles fossiles dans cette région du globe, il apparaît nécessaire de leur permettre d'investir à hauteur de 20% dans ce projet, favorisant ainsi les échanges, la formation, et la stabilisation même de ces pays, en même temps qu'exprimer ainsi notre confiance en l'avenir qu'ils se sont choisi.

L'objectif réalisable étant de faire baisser le coût de satellisation de 15 000 euros le kilo aujourd'hui, à 800 euros le kilo en 2035.

Mise en place du premier supercalculateur mondial, le Artsutanov-Tsiolkovsky dès 2015, dédié au projet « Cyrano », géré par l'Université de Toulouse, le CNES, et bien sûr le CEA…éventuellement ensuite des entreprises privées. Le rang de la France stagnant à la 6ème place mondiale, malgré des structures, des matériels et des chercheurs de qualité…manque le soutien politique *affirmé* d'une nécessité stratégique.

Si, comme cela semble devoir se faire, le Projet Cyrano devait s'établir sur le département de la Guyane, il s'avèrerait indispensable d'initier un programme de recensement/protection de la faune et la flore de Guyane, en plaçant l'essentiel de ce même département, autant qu'il sera possible, sous l'égide d'un nouveau statut administratif ayant pour vocation la facilitation des études biotechnologiques sur son sol, en partenariat avec les pays voisins. L'idée de préservation, de recensement et d'étude devant constituer l'essentiel de ce nouveau statut. Cette réflexion ne saurait se faire sans l'engagement des élus locaux, comme de la population.

Si l'établissement devait se faire sur les Iles Crozet, le projet devrait également être accompagné de mesures de préservation de la flore et de la faune, dans les mouvements, transports, comme dans l'édification des tours d'exploitation de type « Burj Khalifa ». De même, l'implantation d'une « ferme hydraulienne » devra être pensée avec la naissance du Projet Cyrano, à fin de fournir une énergie stable d'un point de vue géopolitique, (de l'ordre de 4000 Mw pour 200 hydrauliennes).

b. L'Or du Rhin.

La construction européenne s'est faite essentiellement sur la maîtrise de la production du charbon et de l'acier. Le charbon n'est plus exploité, et le pouvoir en place de 2007 à 2012 s'est chargé de faire connaître aux ouvriers de la sidérurgie le sort des « gueules noires »…Florange et Gandrange nous rappellent qu'il est utile de relire Germinal. Pourtant, l'opportunité de notre début de siècle pourrait se faire sur l'assainissement, la remise en état d'un lieu symbolique…romantique ; et qui saurait très bien être encore affirmer la nécessité qu'il y a pour l'Europe à ce que la France et l'Allemagne s'entendent, et créent les nouvelles frontières à atteindre, tels des pionniers.

L'Or du Rhin / Rheingold :

But : Assainissement total du Rhin d'ici à la frontière du XXIIème Siècle. Les premières avancées devront permettre une modélisation qui pourrait être reprise pour le Danube, et inspirer le Gange ou le Nil. Mise en place de moyens de locomotions fluviaux propres, souci premier de la préservation de la flore et de la faune, des rives de chaque côté de la frontière ; gestion maîtrisée des rejets dans le fleuve. Contribution volontaire au « Rheingold », Caisse de financement dédiée au projet.

Moyens mis en œuvre :

<u>Affaires étrangères</u> ; les problèmes de l'eau dans le monde, par exemple sur les captations des sources du Nil, ou la prise en compte de problèmes sociaux-culturels, ethniques et religieux dans la réflexion sur un assainissement du Gange, permettant ainsi une lecture différenciée de l'approche franco-allemande sur cette opération. C'est donc bien ce ministère, malgré l'aspect économique et industriel du projet, qui sera le maître d'œuvre côté français, car il s'agit de diffuser ce qui ne manquera pas de constituer une réussite pour la France comme pour l'Allemagne, dont l'alliance objective sur de grands projets communs aura fait, par exemple, la CECA.

<u>CNRS</u> ; En établissant un pôle scientifique dédié, financé en partie par l'Etat, par les régions et département, de même que par le privé au moyen de fondations, cet organisme scientifique apportera les solutions concrètes à ce projet politique. Il s'agit bien ici de dépasser les gesticulations d'un parti qui n'a « d'écologique » que le nom. L'écologie est une science, et doit être traitée par des scientifiques. L'élaboration d'un projet de cette envergure permettra aux universitaires de se mobiliser, avec infiniment plus d'efficacité que ne le pourraient les politiques, sur un projet qui par son ampleur, devra constituer le premier jalon d'un **véritable** projet écologique ; c'est-à-dire réunir autour d'un projet purement politique l'ensemble des disciplines, (économie, biologie, sociologie, etc...), qui feront sa réussite.

A cet égard, la lutte de nos voisins Hollandais contre la mer pourra constituer une base de données intéressante, pour ce qui est de l'implication des industries et des populations dans un projet d'envergure.

c. Groupe de contact sur le VIH.

La lutte contre le VIH doit maintenant revêtir une dimension à la hauteur des enjeux ; démontrer que la recherche, les avancées scientifiques peuvent être convoquées par la volonté politique, pour le succès. Cette certitude de réussir doit obliger le monde à organiser dès à présent la mise à disposition du vaccin à chacun…et c'est à la France de le dire en premier.

Projet Groupe VIH :

La France doit travailler sur, puis présenter un projet de mise à disposition et de diffusion du vaccin contre le VIH à l'ensemble de l'humanité devant l'ONU. Tous les acteurs qui feront évoluer ce projet dans son sens le meilleur devront bénéficier d'un bouclier fiscal, qui trouverait alors une justification morale. Ainsi médecins, laboratoires permettant des avancées décisives dans l'élaboration d'un vaccin pourraient se voir exonérés d'impôts pendant 20 ans.

d. Projet : « Mémoire Numérique ».

Une vieille garde qui entend conserver ses privilèges mis à mal par le progrès, bousculés par la liberté, entend justement la brider, au travers d'organismes fascistes tels Hadopi, Acac et autres organisations et traités qui voudraient se permettre rien de moins que de lire notre courrier au prétexte que celui-ci serait « électronique ». Le pouvoir, de 2007 à 2012, aura œuvré à l'amoindrissement de la liberté des internautes. La France ne doit rien faire d'autre que devenir le havre mondial du réseau internet, et garante de ses libertés.

Moyens mis en œuvre :

Au sein de l'ancienne Ligne Maginot ; hébergement par la France de toutes les dissidences numériques, de toutes les libertés fondamentales, de tous les moyens de liaison libres, ou souhaitant échapper aux contrôles des Etats, des corporations, de toutes formes de censure. Taxation de l'état des « frais de dématérialisation », par exemple pratiqués par les banques et assurances, lorsqu'il s'agit pour un consommateur d'avoir accès à un document qui n'existe plus sous forme papier, et que ledit établissement le lui fait payer. Libertés et fonctionnement garanties par la CNIL et le défenseur des Droits.

e. Groupe Aéronaval Suffren

L'utilisation ridicule du potentiel pour la farce Libyenne du Charles de Gaulle, de ce groupe aéronaval qui eut été plus utile pour des opérations vendues comme essentielles à l'humanité comme l'opération européenne Atalante, nous montre sous ce jour cruel l'absolue nécessité pour la France de mettre à la mer un second groupe aéronaval : pour faire face aux incertitudes stratégiques certes, mais également pour que, en quelque sorte, nos petits bateaux aillent sur l'eau avec leurs deux jambes...il faut comprendre par-là, une permanence de la France à la mer, retardée du fait des hésitations d'un pouvoir qui considère les militaires comme des amateurs.

Groupe Aéronaval Suffren :

La France dispose de la seconde surface maritime mondiale. Disposer d'un groupe aéronaval de nouvelle génération, dont la vocation serait, en plus de la défense du territoire national, la protection de l'environnement et le soutien aux populations sinistrées, serait créditer encore la France du terme de « puissance ». D'Haïti à Fukushima, les occasions n'ont pas manqué hélas, pour valider ce concept trop peu connu de « casque rouge », qui serait à l'avantage de la France, car lui permettant de mettre en avant, fortifier sa nature profonde.

Moyens mis en œuvre :

Le retour sur l'absurde décision de réintégration du commandement intégré de l'OTAN devrait seule permettre la mise à disposition de près de 350 millions d'euros sur 5 ans. Les deux premières années du gel du paiement des intérêts de la dette suffiront à financer l'intégralité du projet.

II/ Les projets économiques

Considérations sur l'économie française : le libéralisme ou les théoriciens du Mal.

La France doit se libérer, avec vigueur, de l'illusion du libéralisme qui est pour sa culture, comme pour ses richesses, un ennemi intime. Il ne s'agit pas de gloser sur la définition souhaitée par certains tenants de cette idéologie délétère du terme même de libéralisme, il s'agit bien de combattre fermement ce qui, acceptée comme telle, serait rien de moins que le triomphe de la théorie du mal.
Il est utile de rappeler avant d'aller plus avant de dire ici qu'il ne s'agit en aucun cas d'une remise en cause de la liberté d'entreprendre, qui est constitutive en soi de richesses matérielles comme de satisfactions intellectuelles, voire morales. La propriété privée, essentielle à l'épanouissement des sociétés en général, et occidentales en particulier, reste une pierre essentielle à l'édifice des avancées des civilisations, aussi essentielle que la clef de voûte qui a rendu possible les cathédrales.
Il existe bien les tenants d'une lecture égoïste et étroite de l'Histoire, qui voudraient que le « marché » soit devenu un espace si parfait qu'il ne nécessite aucune intervention d'organisations citoyennes, et par voie de conséquence de leurs représentants, les Etats. Ce culte du marché vient d'une lecture qu'il faudrait qualifier d'érotique d'Adam Smith, s'agissant précisément de la « main invisible du marché ». Se référer à ce genre de croyance pour affirmer un positionnement intellectuel qui de surcroît a des conséquences sur la vie des « vrais gens » engoncés dans « l'économie réelle », reste quelque chose qui devrait étonner les tenants des grands

médias, qui préfèrent au contraire louer sans esprit de contradiction, voire sans le moindre sens critique, se faisant ainsi les thuriféraires de ces économistes libéraux devenus des héros modernes. Ces économistes rationnalisent l'humanité, dans des théories qu'ils voudraient se voir appliquer sans défauts dans le champ de la réalité sociale...en cas d'échec, ils estiment que c'est le manque de passivité, de docilité du corps social qui aura conduit à l'échec de leur système de pensée, parfait dans leur champ intellectuel.

Arrêtons-nous un instant sur cette situation étrange.

Depuis quelques années déjà, il est une antienne qui est reprise à qui mieux mieux dans les médias, presse audiovisuelle et écrite : les politiques sont impuissants à régler la marche du Monde, le temps des économistes est venu !...et ceux-ci de savourer une victoire acquise sur le moyen terme. En effet, comment passer à côté de cette œuvre de propagande qui déclame sans complexe que les économistes, aussi brillants soient-ils, pourraient être récipiendaires d'un prix Nobel ? Or, il ne s'agit de rien d'autre que de l'entreprise, quasiment réussie, d'un noyautage et d'une récupération calculée du prestige inhérent à un prix dont justement, ils ne sauraient être dignes, d'autant plus du fait de leurs basses manœuvres, qui sont tant à l'initiative de banquiers que d'économistes mêmes, emportés par leurs illusions dogmatiques. C'est faire œuvre utile pour tout citoyen que de bien prendre conscience que le Prix Nobel d'économie n'existe pas.

Cela étant dit, ce fait étant établi, il est aussi utile de rappeler aux français que les médias, prix par un temps qu'ils accélèrent eux-mêmes, passent souvent sous silence dans leur présentation des économistes et de l'économie, l'ensemble des mots, termes et définitions précises que le monde universitaire, lui, connaît bien.

La dernière lubie à la mode de ces théoriciens du Mal, est d'affirmer avec toute la rigueur de leurs convictions, que les impôts n'ont pas vocation à être justes, ou même à tendre vers la justice. Après mûre réflexion, je tiens à affirmer que cette pensée, qui s'appuie, encore, sur des théories contestables en elles-mêmes, si elle devait être défendue autrement que par la spéculation, (mot qui devrait plaire), intellectuelle, s'apparenterait à une pensée fasciste. En effet, avoir l'outrecuidance de contester la volonté égalitaire des impôts au XXIème siècle reste suspect.

Les libertés individuelles font que les citoyens se présentent avec des fortunes diverses devant l'impôt, et le choix de société démocratique cautionne le principe de redistribution des richesses, et ainsi une imposition adaptée à la situation de chacun. Que l'on affirme politiquement que ce système est trop social reste acceptable, car il s'agit de convictions politiques honorables, qu'il conviendra alors de contredire avec force convictions et arguments fondés. Mais venir sur la place publique, et profiter de la passivité si ce n'est de la docilité des médias sur le sujet, et affirmer que des **théories** remettent en cause le **fait** démocratique de la redistribution des richesses, est un acte dogmatique relevant de la tentative de manipulation, de la propagande crasse et d'un fascisme à peine contenu.

Bien sûr, une ligne de défense connue des économistes libéraux reste d'affirmer, à la lumière des échecs de leurs théories et autres concepts savants, que la faute est celle du politique, qui les aura mal compris, ou pas assez écouté, se présentant, se comparant à Hermès, le Messager. Cette tribune a pour vocation de leur signifier qu'ils ne sont messagers que de leur réflexion, et que la Cité n'a jamais convoqué leurs lumières. Ainsi, c'est bien la démocratie, n'en déplaise aux libéraux, qui doit régler le cours de la société, protéger les faibles et prendre si cela apparaît comme nécessaire, les décisions qui feront perdre aux possédants un peu d'argent, mais conserverons à la société son équilibre. Certes le système démocratique n'est pas constant, n'est pas régulier, et n'est pas axé sur le seul profit, si ce n'est d'ailleurs pour le plus grand nombre. Mais sauf à vouloir remplacer ce système irrationnel, et donc à l'image de l'Homme, par un système qui complaise aux **prévisions** de croissances basées sur des **théories** économiques afin de satisfaire aux appétits d'une **minorité** de possédants, c'est bien ce système, la démocratie, fruit d'une évolution des sociétés sur 40 000 ans, qui reste le plus humain.

Mon analyse n'exonère pas pour autant les nombreux hommes politiques français qui auront prêté une oreille attentive à ces conseillers intéressés.

Hélas pour ces dirigeants, ces mêmes conseillers étaient plus proches des usuriers que des samaritains, et l'oreille qu'ils auront prêté, ils se la font tirer aujourd'hui par la réalité. Un exemple parlant est, entre autre, un stock d'or que la France a vendu en 2003, alors qu'il n'y avait aucune nécessité, et ceci même à rebours des marchés, ou de l'évolution des cours qui montrent, de la date de cet abandon d'une partie du capital de la France à 2011, la vision à court terme des économistes libéraux. Il faut rappeler que ces vendeurs de l'or de France sont en charge jusqu'en mai 2012...

Edgard Morin, comme bien des sociologues, aura montré que bien des aspects de la vie humaine ne sont pas quantifiables, et les personnes qui se réfèrent au « Marché » comme étant le jalon essentiel de l'histoire de l'humanité font montre d'une pauvreté intellectuelle qu'ils essayent de camoufler derrière leurs possessions, que par atavisme ils tentent de faire croître, mus par une soif inextinguible de prouver que puisqu'ils sont riches de ce qu'ils possèdent, ils seraient meilleurs que ceux qui, visiblement, n'ont pas grand-chose...en tout cas selon les critères d'une société de consommation déréglée.

Voter pour moi revient à dire, à se souvenir surtout, que la qualité de citoyen ne s'exprime jamais mieux que par son vote, expression de la civilisation, plutôt que par l'argent, simple véhicule de certains de nos besoins.

Que les choses soient entendues ; il ne s'agit pas de faire exploser un système par des réformes brutales et, en définitive, dangereuses pour les classes moyennes essentiellement. Mettre à bas ce que l'on appelle le capitalisme financier n'est pas l'objectif de ce programme, puisqu'il faudra même taxer ce système, et par là même, le stabiliser dans les nouvelles frontières qui lui seront données. Malgré ce souhait, il s'agit par **l'éducation** et la volonté politique exprimée par tous ceux qui auront porté ce programme, de s'offrir des alternatives, des moyens de ne plus être sous la coupe d'une nouvelle aristocratie qui, à défaut de l'ancienne, n'aurait pas plus d'élégance que de vertus.

Un dernier point, avant d'en venir aux propositions en elles-mêmes : le premier souci pour le gouvernement de 2012, et bien pour l'économie en particulier, devra être la femme. Ce n'est pas un souci électoraliste que de se préoccuper plus particulièrement de leur sort, car il s'agit d'un problème de société qui prend un tour cauchemardesque. Qui aura lu **Florence Aubenas** comprendra cette violence, cette ségrégation économique faite à l'encontre des femmes, et au-delà de ces témoignages poignants parce que vrais, il suffit de regarder de quoi sont composés tous les chiffres qui indiquent la paupérisation, la pauvreté et la souffrance de la France : de femmes. Car si il y a bien un espace public ou les femmes sont sous-représentées, c'est bien dans l'égalité sociale. Parmi les trop nombreuses violences faites aux femmes, héritage dont la masculinité n'a pas encore su se défaire, faire évoluer, il en est une autre qui est ce silence entendu sur leur sort, sur le maintien, fait d'habitude souvent et teinté d'ignorance toujours quant à la difficulté de leurs vies dans la société française du XXIème siècle : les chiffres de la pauvreté, du chômage, des victimes de violences et d'inégalité sont toujours ceux, qu'un silence coupable contribue à banaliser, à rendre invisible, et bien ces chiffres sont ceux qui disent l'attention que la société accorde à la femme aujourd'hui.

Comment s'étonner alors par la suite des solutions cosmétiques, avec toute l'ironie que suggère ce mot, qui sont prises pour signifier l'attention que le pouvoir politique aurait pour cet électorat ? Otages d'une économie de marché qui les considère comme une cible, de ravissantes enseignes ou des idiotes utiles, les femmes seront exploitées tant que « les chiffres » ne diront pas quel est leur réalité. Le gouvernement issu de la victoire de 2012 devra prendre les mesures nécessaires pour que les instituts de statistiques, de sondages et autres organismes ayant prétention à dépeindre un aspect de la vie des français, doivent à chaque fois ajouter un indicateur sur la part des femmes dans ces « enquêtes » et autres assertions. Ignorer le problème derrière des généralités qui sont autant de banalités, est dangereux pour l'avenir même d'un pays qui se voudrait démocratique.

Il faut donc dire que, par exemple, les bénéficiaires d'allocations, de minima sociaux sont en très forte majorité des femmes. Le dire systématiquement permettra, je le souhaite, la prise de conscience nette de ce qui constitue une véritable force politique, qui aura vocation à se faire entendre, et représenter.

Bien sûr, je suis un homme, dont l'éducation et la vie professionnelle aura conduit aux frontières de la misogynie, pour devenir phallocrate non pratiquant, et je n'entends pas « récupérer » cet électorat. Je souhaite que la femme soit considérée réellement dans la société comme l'égale de l'homme ; les différences qui subsistent entre les deux sexes étant heureuses, il sera tout aussi important, dans un autre registre que celui de l'économie, de rétablir dans la Constitution, l'égalité de droits entre hommes et femmes, car les erreurs passées d'hommes qui furent le pouvoir ne devraient pas obérer la masculinité d'aujourd'hui ; il ne s'agit pas, pour expier les fautes d'un patriarcat assez ambivalent envers les femmes, de les rétribuer aujourd'hui par la possibilité d'un matriarcat qui a une réelle revanche à prendre.

Pour faire une comparaison et revenir sur le terrain de l'économie, c'est comme si l'on demandait aujourd'hui aux jeunes français, quels qu'ils soient, de payer à nos voisins européens les coûts de la Révolution de 1789, les campagnes Napoléoniennes ; ou encore de rembourser le prix de la colonisation, de l'esclavage et de la décolonisation.

S'agissant de la décolonisation, la France aura même été indemnisée par ses anciennes possessions : il y a la matière à constater l'aberration de la logique financière, surtout lorsqu'elle est appuyée par le politique.

Il en est ainsi des retraites ; les résistants qui, avec d'autres, auront permis que nous soyons libres à cette heure, voient leurs efforts, leurs sacrifices mêmes, réduits en miettes par cette même logique financière ; les conseillers du pouvoir qui aura sévit de 2007 à 2012 ne s'en cachent même pas, il leur apparaît comme nécessaire, captifs de leur logique issue de dogmes, de mettre à bas l'ensemble du programme né du Conseil National de la Résistance, c'est-à-dire démembrer, vendre, privatiser et rentabiliser pour quelques-uns ce qui profitait alors à tous ; la retraite par répartition, la sécurité sociale...du fait ces orientations dogmatiques, iniques, qui sont depuis 5 ans des orientations politiques affirmées, il est urgent de se soulever, de lutter…de résister à nouveau.

Au lendemain de la Seconde Guerre Mondiale, nos aînés ont su panser leurs plaies ensemble, trouver des terrains d'entente dignes de la diversité des maquis ou ils vécurent une véritable Union Nationale, et nous transmettre un héritage qu'une caste aujourd'hui voudrait capter à son seul profit. Ironie de l'Histoire, il s'agit de partisans de l'UMP qui voudraient faire croire qu'ils allègeraient les droits de successions au profit de tous, alors même qu'ils agissent pour capter cet héritage du Conseil National de la Résistance en leur nom propre.

Le chapitre étant celui de l'économie, j'affirme bien sûr que des efforts de gestion seraient à faire dans le financement de ce que l'on nomme Sécurité Sociale, voire l'ensemble des protections sociales en France ; mais je sais que poser la question de savoir si les taxes destinées précisément à la Sécurité Sociale, une partie des taxes sur le tabac, l'alcool ou les primes d'assurances automobiles devrait permettre d'affirmer être capable de « trouver » soudainement près de **12 milliards**, quand l'UMP s'époumone jusqu'à l'asphyxie, la nôtre, que la Sécurité Sociale est un gouffre financier qui obèrerait l'avenir de la France même ! Que ces gens qui se réclament encore de la droite se rassurent, ce déficit est artificiellement entretenu, comme le spécifie même un Comité en charge d'évaluer dépenses fiscales et « niches sociales » dans un rapport de juin 2011.

On le voit, on le sait, c'est une habitude prise par les gouvernants en place de ne pas reverser ces cotisations sociales aux organismes sociaux pourtant destinataires de plein droit de ces sommes ; le résultat est donc un déficit obtenu de manière purement idéologique, visant à mettre à mort le modèle social français. Une utile opération de pédagogie gouvernementale à hauteur de **600 millions** d'euros répartis sur 5 ans auront beau jeu de stipendier les « économistes » libéraux et autres prosélytes de l'Individu, pour convaincre un peuple essoufflé que ses maux viendraient des entraves que seraient ces mêmes protections sociales…la volonté dogmatique affichée, encore une fois, étant la mise à bas de l'esprit même de solidarité qui est à mon sens constitutif, essentiel, à la perpétuation d'un société qui aurait choisi de prendre soin des plus faibles parmi ceux qui la composent.

Les libéraux, en fait, voient un carcan en la Fraternité, et se veulent économes en Egalité. Il reste utile de leur rappeler avec **la force** nécessaire à cette entreprise, avec **la force** que confère la Liberté, que ceux sont là deux termes dont la France ne souhaite pas faire l'économie.

Il est urgent de se souvenir, Ô lecteur, quel que soit votre âge, d'Ambroise Croizat, de son soutien, de son combat qui hélas nous revient aujourd'hui, pour l'établissement et la défense de la Sécurité Sociale. Inutile de gloser sur ses convictions de communiste ; il s'agit de s'appesantir sur les succès de l'Entente Nationale, pas sur des faiblesses de son époque…qu'il aura justement réussit à dépasser.

Propositions :

-**<u>Economie des médias</u>** ; Il apparaît comme nécessaire de créer les conditions économiques qui permettront aux financiers de se désengager des organismes dits « de presse », c'est-à-dire ce que nous appelons communément les médias. Il ne s'agit pas de verser dans la critique des médias, de la presse et des journalistes, mais bien d'affirmer son utilité, dont la finalité sur laquelle chacun est invité à s'accorder au sein d'une démocratie, reste bel et bien d'informer de manière libre les citoyens en attente de points de vue aussi différenciés que possible.

La garantie de cette honnêteté journalistique ne saurait se trouver que dans l'indépendance financière des médias, idéal vers lequel il est nécessaire de tendre. Une lecture apaisée de Bourdieu, ou encore de Chomsky et Herman lorsqu'ils expliquaient certains mécanismes délétères dans leur ouvrage de référence *La Fabrication du consentement*, devrait constituer une main courante salvatrice pour la mise en place de ce mécanisme économique qui aurait le double avantage de pérenniser autant se faire que peut, l'indépendance des médias vis-à-vis de tout pouvoir, qu'il fut politique ou financier, ainsi que leur survie financière pratique, nonobstant le talent nécessaire à ce genre d'entreprise, comme les goûts et volontés du citoyen qu'il reste important de distinguer, et précisément dans cet univers ou la publicité reste un influent prescripteur, d'un simple consommateur.

En faisant jouer le cadre législatif dans un premier temps, en rendant détention pour un groupe financier très coûteuse, qui plus est si les instances de rédaction sont contrôlées par des groupes dont les intérêts sont fortement liés à un taux de pénétration de la publicité élevé sur les marchés sur lesquels il agit, et qui a donc intérêt naturellement à orienter sous un jour favorable les informations qui le touchent de près ; il n'est donc pas inenvisageable en France de décréter que les médias doivent rester affaire de spécialistes, pas de fonds d'investissements aveugles. Créer une taxation rédhibitoire pour un fonds d'investissement, un conglomérat industriel ou toute autre institution financière qui n'aurait pas une vocation « naturelle » à la gestion de ces médias, serait en soi suffisant pour libérer une certaine partie de la presse de ses travers actuels. Son financement, du fait des « nouvelles » technologies, ainsi rendu problématique, trouverait son salut dans des actions de type « SOFICA », qui permettrait à chaque citoyen, en plus de se réconcilier avec l'actionnariat et alléger ses impôts, de financer la liberté, réelle, de la presse.

Dans un deuxième temps, après un délai laissé au groupes actuellement possédants des intérêts dans ces organes de presse, avant taxation massive, la possibilité de « sauver les meubles » en investissant dans des écoles de journalisme, de défiscaliser momentanément ce qu'ils pourraient, éventuellement et après présentations de leurs chiffres, « perdre »…Bien sûr, d'aucuns pourraient considérer que cela constitue autant de concessions au libéralisme, mais il faut garder à l'esprit que si possibilité est offerte à ces entreprises de ne pas y perdre financièrement, c'est qu'elles sont, comme toutes entreprises, constituées d'hommes et de femmes. Le propos étant de proposer une alternative, pas une confrontation qui, même si elle devait réussir, contribuerait à détruire irrémédiablement des richesses…c'est-à-dire des emplois.

On ne peut évoquer les médias sans la théorie du complot, et comme le candidat que je suis est un ardent défenseur d'Internet, il est certain que les médias « classiques » ne voudront pas perdre ce qu'ils considèrent comme des acquis : une clientèle captive et un financement opaque.

Un minimum de réflexion, d'observation, et un recours assidu aux médias encore à cette heure « alternatifs », (type Wikileaks), permet de constater cette entente des groupes de presses en place, financiarisés jusqu'à la moelle, embrigadés politiquement jusqu'à l'écœurement.

Ainsi, 3 énarques au commande de médias : Lagardère et Europe 1, l'AFP ; l'ancien directeur de campagne du président en place devenu numéro 2 d'un groupe possédant l'une des chaînes de télévision les plus influentes d'Europe, et dont les possédants, justement, sont eux-mêmes des proches du président en place.

Il fut un temps où nous parvenait d'Italie le vent frais du Trecento, du Quattrocento, de la Renaissance…au XXIème Siècle, nos dirigeants auront préférés s'étourdir des effluves de Naples, parfum voulu par un vieillard qui n'aura retenu de la Botte que le fait qu'il pouvait s'en servir pour au mieux marcher au pas, au pire écraser. Ainsi vont les cohortes de journalistes aux ordres, dont la démission de la mission d'information aura poussé une jeunesse qui aurait dû leur faire confiance, vers des médias d'un nouveau type, des journalistes qui doivent à nouveau passer l'épreuve de la confiance, ce qui demande nécessairement du temps, hélas souvent le temps de la défiance.

Les journalistes traditionnels, obéissants aux intérêts des groupes financiers qui les subventionnent, ou des politiques qui les connaissent intimement, s'essayent à l'exercice connu du dénigrement, qui n'a d'autre résultat tangible qu'une fuite en avant d'une jeunesse qui préfère alors le coup d'éclat, le scandale et le bruit qui entourent des évènements médiatisés avec tant de vitesse, que nul n'a le temps vraiment de se rendre compte si ce qui est présenté de manière aussi furtive que parcellaire valait la peine que cela se sache…beaucoup de bruit pour rien…la théorie du complot ne vaut donc que pour servir d'écran de fumée devant une réalité qui est perçue de manière empirique par tous les français : les médias traditionnels sont en perte de vitesse, plus grave : une perte de légitimité à force de collusion avec les pouvoirs qu'ils devraient tenir éloigné de leurs fréquentations amicales.

Nul populisme à rappeler les errements de France24 les conflits d'intérêts entre un ministre de tutelle et son épouse aux commandes, le « temps de cerveau disponible » de TF1, ou encore le fait que le responsable de France Télévision, c'est-à-dire tout ce service public, soit aux ordres d'un chef de l'Etat qu'on sait déjà proche de bien d'autres propriétaires de conglomérats de médias.

En définitive, nous n'avons jamais autant eu besoin de journalistes…de la trempe d'un Albert Londres, sérieux jusqu'à se consumer, plutôt que d'autres, qui se seront brulés en manipulant certains entretiens, ou en espérant faire passer des caméras cachées dignes de la télé-réalité pour des reportages de fond…

Un dernier point qui reste à soulever ici, dans un projet politique, est celui de l'accessibilité des citoyens à l'information. On sait la volonté délibérée du gouvernement d'établir en France les conditions d'accès au réseau internet, et de prioriser en fonction de ses intérêts politiques comme financiers ce même accès ; bien sûr, à l'heure où le Conseil Constitutionnel décrète l'accès au réseau Internet comme étant un droit essentiel, il reste d'actualité de combattre le positionnement contraire de ce gouvernement en place depuis 2007 ; mais il s'agit également de considérer d'un œil critique la volonté de nombre d'acteurs de la presse traditionnelle de dématérialiser leurs contenus, c'est-à-dire abandonner le secteur papier pour des tablettes mobiles, dont 99% sont construites à l'étranger, et pour la production, la construction desquelles, aucune norme de conservation de la forêt, aucune norme sociale digne, ou même environnementale en définitive, n'existent.

Cela peut paraître anodin, mais du fait de ce seul secteur de l'imprimerie, ce sont des hectares de forêts qui sont pérennisés, entretenus par des emplois : le fait de s'en passer, fait qu'en plus de la destruction immédiate d'emplois, ce qui est le plus fâcheux, il faudra s'attendre à une dégradation du suivi environnemental de ce secteur, en parallèle d'une augmentation de la pollution « électronique » de millions de tablettes sur le territoire national, avant d'évoquer les conditions sociales de production de ces objets, comme de l'impact environnemental, encore une fois, que cette objet peut avoir sur le lieu même de production.

Le deuxième aspect de cette « révolution numérique » sera également, pour tous ceux qui n'ont pas accès à internet, ceux qui n'ont pas les moyens d'acheter ces objets électroniques, d'être oubliés par un système qui choisit de se raccrocher à ceux qui ont les moyens, plutôt que la volonté, d'être informés.

Pour autant, la liberté ne se décrète pas ; elle doit être favorisée, il est nécessaire de combattre pour qu'elle soit viable…

- C'est pourquoi le réseau Welwitschia aura pour fonction annexe au simple accès à la Toile, l'hébergement à titre gracieux de tout organisme d'information dûment référencé auprès du CSA, et déclaré auprès du Défenseur des Droits.

-L'environnementalisme plutôt que l'écologie (créer des espaces industriels nouveaux, plutôt que taxer toujours la même source ; par exemple, l'augmentation du tarif de l'électricité en janvier 2010, au prétexte que l'énergie solaire revenait chère pour l'état…) Créer des espaces industriels environnementaux, c'est l'exemple-type « L'Or du Rhin »)…créer des synergies entre le mode de vie désiré, les réalités de ressources et de moyens.

Le fantaisisme de la décroissance pour « sauver la planète » n'a rien d'aimable. Il en devient même purement dogmatique et proprement fasciste dès lors que des groupuscules extrémistes, de par leurs actions violentes, entendent orienter le débat et diriger les consciences. Ils refusent de comprendre que la marche de l'humanité est d'aller vers la croissance, tout simplement. Elle est d'abord démographique ; ainsi les jeunes couples ont-ils vocation à s'installer en un foyer, trouver des moyens de subsistance d'abord pour eux, puis pour le premier enfant, puis le second, et parfois, en France tout au moins, le troisième.

Dès lors que l'on rapporte ce schéma à l'échelle d'une nation, cela entraîne d'énormes conséquences, car c'est alors les besoins de millions de personnes qu'il s'agit de satisfaire pratiquement en même temps. Construire un foyer n'est pas anodin ; mais doit-on blâmer les tourtereaux qui ayant eu la volonté d'acheter un logement le plus « passif » possible, se rabattront d'abord sur ce que leurs moyens leur permettront ? Evidemment, cette renonciation, imposée par le coût de la vie, a un impact énorme sur « l'empreinte carbone » des centaines de milliers de couples qui s'installent dans une vie commune, sans pouvoir accéder à ce qui constitue aujourd'hui une coquetterie en vert. Faudrait-il les contraindre à vivre en communauté ? Limiter le nombre des naissances ? Certes, dès lors qu'ils chercheront à s'équiper en appareils électro-ménager, ils veilleront à investir dans du matériel estampillé « bon pour l'environnement »...mais se rabattront sur des appareils qui « polluent » beaucoup plus mais qui eux, restent « bons » pour leur portefeuille.

Il s'agit aussi, en lien direct avec la consommation des ménages, de taxer les enseignes de distribution qui proposent des produits hors saisons. Le principe serait une progressivité de la taxe en fonction de l'avancée dans les saisons...le temps des fraises en hiver doit trouver un terme : le temps de l'agriculture raisonnée doit s'imposer. Le fait que nos amis espagnols permettent ; je parle ici de ceux qui après avoir collaboré avec un organisme financier tellement mal géré qu'il s'est effondré, (Lehman Brothers), supportent, de voir cet individu notoirement incompétent prendre le contrôle du secteur économique en Royaume d'Espagne, laisse peu d'espoir aux écologistes quant à la fin de l'exploitation agricole du Parc National de Doñana, et peu d'espoir aux exploitants de fraises en France, quant au respect de normes sociales à minima « honnêtes », voire tout simplement humaines et qui leur font concurrence. Luis de Guindos pourra donc rassurer les fabricants de chloropicrine et de bromure de méthyle dans le monde, et de grandes surfaces en France ; ils pourront toujours s'approvisionner sans états d'âme en Espagne...

Créer une obligation légale de retraitement des métaux rares, favoriser fiscalement les agences/industries de recyclage, et en parallèle taxer de plus en plus lourdement les industries polluantes...en définitive, reprendre le principe du bonus/malus, mais à l'échelle industrielle ; cela à le double avantage de ne pas grever le budget de l'état, au contraire même, et ce ne sera pas le contribuable **cette fois-ci** qui devra payer l'addition.

Bien sûr, le discours des industriels sera de rétorquer que si ils doivent supporter ce genre de taxe supplémentaire, il y aura un risque pour la compétitivité ; cet argument, qui aura servi d'épouvantail pendant la crise, n'aura pas pour autant empêché une prise de profit généralisée, une croissance, même minime », fut-elle de 0,2%, et la continuation de projets de délocalisation d'usines. La France aura vocation à faire le lien avec la volonté de soutenir le « marché carbone » européen, qui piétine depuis 2005 sans rien rapporter aux états, aux collectivités et donc aux citoyens, et faire preuve enfin du volontarisme qu'elle aura manqué de faire valoir lors du Sommet de Copenhague : le gouvernement en place le premier.

Le problème nucléaire, tel que posé, doit être dépassionné. Les déchets déjà créés, les projets déjà engagés, conditionnent pour des siècles notre attitude et notre sens des responsabilités. C'est donc un accompagnement de sortie du tout nucléaire qui doit être envisagé, et ce sur une période de réflexion de trente ans, avec des rendez-vous clairement établis. Ainsi le premier symposium sur le nucléaire, qui aura lieu en 2014, statuera sur les accélérations envisageables du projet ITER ; 2015 sera l'occasion de présenter des projets de technologies alternatives, ainsi que les moyens de les insérer au mieux, financièrement, dans le quotidien des français.

Ce deuxième rendez-vous sera également une occasion de valider définitivement le choix pour une France désireuse de conserver une indépendance énergétique, d'un programme de substitution au nucléaire programmé au rythme des retraits de service des centrales et qui serait composé de ce que l'on nomme par convention les « énergies renouvelables ». Le traitement des déchets nucléaire restera l'enjeu principal de la recherche dans le domaine des énergies, et c'est pour cela que fermer prématurément les centrales, qui permettent des avancées techniques basées sur des cycles d'observation, serait dommageable à la volonté de sortir du nucléaire, ce qui serait paradoxal.

Les rendez-vous, qui seront autant de compte-rendu que de rappels nécessaires, se tiendront par la suite tous les deux ans, soit en 2016 pour

ITER, et 2017 pour le suivi des énergies « renouvelables », et ainsi de suite jusqu'en 2045. La question de la gestion des énergies, de leur stockage, transport et répartition, l'élaboration des prix basés sur une garantie constitutionnelle d'accès à l'électricité, qui devra nécessairement échapper aux fluctuations qui naîtront de choc géopolitiques prévisibles, permettra donc cette stabilité sociale issue d'une maîtrise de l'accès à l'énergie pour tous, tout comme une lisibilité tarifaire pour les industries.

Cette indispensable stabilité ne sera possible que si, au-delà de la volonté de tout un peuple qui s'exprime au travers d'une élection, chaque acteur prends bien sa part des efforts de construction à réaliser. Les années à venir verront la demande énergétique croître, du fait de la démographie, qui mécaniquement fera croître ces besoins, tout comme l'extension prévisible d'une société de consommation, dans un pays déjà industrialisé. L'actuelle nécessité de trouver à l'extérieur des frontières du pays les moyens d'alimenter ou bien encore de simplement soutenir nos besoins, doit justement nous faire explorer cette piste raisonnable.

S'écarter de la voix de l'indépendance énergétique et oublier les efforts consentis par nos aînés pour que chacun dispose aujourd'hui d'électricité pour une somme relativement contenue serait une faillite. La comparaison déraisonnable avec l'engagement Allemand à « sortir » du nucléaire constitue un aveuglement volontaire, car c'est faire l'impasse sur le nombre de centrales allemandes, bien moindre qu'en France, tout comme c'est oublier de dire que cette décision de s'en remettre au centre de retraitement des déchets nucléaires en France, se base sur un accord que l'ancien Chancelier Schroeder aura passé avec une Russie désireuse de ne pas avoir à passer par la Pologne pour…imposer une dépendance au gaz à l'Europe de l'Ouest.

En somme, ces décisions trop rapides recomposent un échiquier géostratégique dont chaque mouvement est empreint d'antagonismes connus…avant de rouvrir de vieilles rancœurs.

Beaucoup réfléchissent à la construction de nouvelles centrales, qu'elles soient nucléaires, renouvelables ou autre ; mais la vraie réflexion de fond consiste à appliquer pour les instruments et ustensiles qui sont dans les foyers de chacun, une prime au renouvellement qui profiterait aux consommateurs, un peu sur le mode de prime à la casse du secteur automobile, et du fait du renouvellement de ces ustensiles et appareils électriques, produirait des économies d'énergies qui repousseraient la nécessité de construire dans l'immédiat ces inévitables centrales, ou en tout cas, du fait du délai obtenu, permettrait une réflexion sereine sur la nature de ces futures centrales.

Sans être un spécialiste, il y a des certitudes ; si le parc d'appareil électro-ménager de l'Ile de France venait à être remplacé par des appareils consommant moins d'électricité, ce serait l'équivalent de la production d'électricité d'une ville moyenne qui serait économisée annuellement. Reportée à l'échelle nationale, c'est la construction d'une centrale qui pourrait être évité pour un temps.

<u>Ministère des TPE-PME :</u> La création tant de fois repoussée d'une nécessité pourtant criante, si ce n'est vitale à l'économie de la France, devra être le premier ministère créé ; après remise en ordre des ministères dits régaliens comme l'Education, cela s'entend.

Les budgets sont déjà en place, si l'on considère qu'une croissance mesurée de l'ANR, (Agence Nationale de Recherche), sera suffisante pour cadrer d'abord, encadrer ensuite, la croissance de nouvelles entreprises. La mise en commun d'une base de donnée, appuyée par un soutien au dépôt de brevet, au suivi administratif, voire à l'introduction sur le second marché ; ou le financement par des « Business Angels », ce ministère sera placé sous le signe de l'innovation, de la prospective et de l'audace. Les financements de cette administration étant déjà en place, bien que nécessitant une augmentation progressive au cours des 8 années suivant sa création, il sera plus qu'opportun de ne pas taxer les entrepreneurs qui se mettront sous la protection de ce ministère à partir de leur début d'activité, comme toute entreprise créée d'ailleurs, devra être exonérée de charges pendant les trois ans qui suivront son enregistrement, quel que soit le chiffre d'affaire ou les bénéfices, avant passage en commission qui établira la normalisation de l'imposition, avantages étant prorogés au regard du nombre d'emplois créés.

-réévaluation de l'assiette des taxations des entreprises.

-exonération de taxation des entreprises nouvelles qui auraient une croissance à deux chiffres, pendant dix ans…avant une taxation normale. (Il s'agit bien ici d'entreprises françaises, aux moyens de production localisés sur le sol français).

-mise en place de modes de financements dédiés aux PME /PMI, artisans commerçants, indépendants…avec un souci, les dix premières années, de se soucier de création d'emploi plutôt que de taxation, qui bien sûr restera indispensable, et inévitable… : aide au dépôt/protection de brevets, parrainage de salons comme le concours Lépine, mise en relation avec des « business angels », caution apportée auprès de la Banque de France ou la Caisse des Dépôts et Consignations…en fait, éviter au maximum le circuit bancaire…la deuxième mission de ce ministère sera la prise en charge de la formation dans le cadre du Brevet Citoyen. En fait, étendre les moyens, capacités et moyens d'action d'organismes tels que FINANSOL.

http://finansol.org/

-autorisation pour les nouvelles entreprises créatrices d'emploi de s'affranchir des règles traditionnelles du Code du Travail, du Code des impôts, du Code des Assurances. Nulle concession au libéralisme ; mais contrairement à un parti socialiste qui aura affirmé son défaitisme en déclarant que « contre le chômage, on aura tout essayé », se coupant ainsi de ce qui aurait dû rester son électorat, l'électorat populaire, et affirmant ainsi un volontarisme que l'UMP aura refusé, combattu même pour protéger les parvenus, les héritiers : je veux que ce ministère des TPE/PME fasse naître des emplois. L'imposition se fera ensuite de manière progressive, concertée ; peu importe que des nouveaux venus fassent fortune du fait de leurs innovations, (car il s'agit d'exempter des règles usuelles uniquement les nouveaux créateurs d'entreprise ou porteur de projets qui seront localisés exclusivement en France), l'essentiel reste bien la création d'emplois qui s'inscrivent dans le temps.

<u>**Energie**</u> **:** Préservation de l'autonomie énergétique de la France. La bataille pour l'énergie, si elle va bien se jouer dans les salons feutrés des ambassades, les salles de réunions de grands groupes industriels ou toute autre place où les parvenus aux affaires croient pouvoir décider de l'asservissement des contribuables français à certains modes de production, transport et distribution de l'énergie...

...bien sûr, il s'agit de géopolitique dès lors que l'on parle d'approvisionnement de pays en combustibles fossiles, mais malgré les assertions dangereuses de l'Agence Internationale de l'Energie, qui considère selon la doxa financière que le prix de l'énergie est trop bas et qu'il s'agit de faire en sorte que le consommateur, qui en l'espèce est dépossédé de sa qualité de citoyen et doit supporter le coût de cette idéologie du court terme et du profit...pour les possédants des entreprises seuls. Certes, devant l'affront que constitue la remise en question de choix politiques qui ont conduit à une certaine indépendance de la France, il sera nécessaire d'affirmer que l'approvisionnement en énergie des foyers des français, avant même l'approvisionnement en énergie des entreprises, devra être un droit absolu, voire constitutionnel, et les efforts de l'Etat devront faire en sorte de maintenir les prix les plus bas possibles, et non pas embaucher des petits patrons aux casquettes multiples pour des salaires exorbitants, qui se donnent pour mission non pas le renforcement du service public, mais rêve de le privatiser à la mode des Etats-Unis d'août 2003.

... il est un plat de lentilles, qui même si il n'est pas assaisonné, qui conserve une saveur bien particulière, surtout pour ceux qui n'y auraient pas goûté au Fouquet's, c'est-à-dire la grande majorité des Français. Pourtant, c'est bien l'un de ces privilégiés qui prendra la tête d'une entreprise publique, doublant son salaire à l'image du chef de l'état qui l'aura nommé, conserve sa place dans son entreprise privée, et se donne pour mission, de manière insidieuse bien que validée par ses complices au pouvoir, de privatiser EDF tout en nationalisant Veolia. L'exploit n'est pas mince, me direz-vous, mais un éclairage rapide devrait vous donner les éléments de réflexions nécessaires. Ainsi après avoir évoqué l'idée de prendre le contrôle d'Areva, une autre société publique qui réussit sans EDF dans son créneau du nucléaire, prend ensuite la décision de céder les parts d'EDF dans la société à forte croissance Dalkia à Veolia en échange de 15 % des actions Veolia, portant la part publique à 25 % - avec les 10 % de la Caisse des dépôts - de cette entreprise, dont tous les membres du conseil d'administration – que le patron d'EDF préside - ne semblaient pas être au courant de la manœuvre. Et alors que les pouvoirs publics , c'est-à-dire ses amis, démentaient et démentent avec la plus grande vigueur l'idée même d'un rapprochement avec Veolia : en effet, il est évident qu'en cas de fusion, l'Etat ayant tout juste 25 % de Veolia et tout juste 50 % d'EDF, il perdrait de facto sa position de décideur financier absolu au sein de la nouvelle structure.

...ce qu'il faut savoir répondre aux libéraux, une fois qu'ils auront survolé, puis méprisé ce genre d'arguments, est que leur vision catastrophée d'un monde « en mouvement », « qui change de plus en plus vite », « de plus en plus concurrentiel », est issue de cruelles lacunes historiques. (Peut-être est-ce ici la raison qu'ils entendaient faire baisser cette humiliation quotidienne, en faisant supprimer autant de cours d'histoire qu'ils le pouvaient, énervant rappel de leur ignorance camouflée par de beaux habits ?).

Au-delà d'une nécessaire culture historique, il conviendra de les rassurer également sur les risques de prédation immenses qu'ils nous annoncent pour nos joyaux industriels ; ces entreprises sont publiques, d'état, et appartiennent ainsi aux français, et si les ouvertures de capitaux permettent de jouer poliment l'assouplissement de certaines règles commerciales, les investisseurs étrangers ne pourraient prendre le contrôle de ces sociétés...l'état, au nom du peuple, en gardant la maîtrise...

Transports   Favoriser la sortie du tout véhicules à moteur à explosion...développement radical de l'hybride, des moteurs électriques, d'autres solutions alternatives ; il est donc important que les coûts de l'énergie, présentés au chapitre précédent, ne puissent en aucun cas augmenter de manière exponentielle, selon des arguments aussi fallacieux que de circonstances…les concessions autoroutières, et bien sûr les autoroutes sous contrôle complet de l'état, dès 2014, devront commencer la mise en place de stations de rechargement dans les aires autoroutières existantes, ou sur de nouvelles plus appropriées. C'est bien sûr une pression fiscale qui se fera de plus en plus contraignante pour les exploitants des réseaux autoroutiers qui fera office d'aiguillon dans ce changement programmé. Il est à noter que leur intérêt ne se trouvera pas dans une augmentation des tarifs de péage, mais bien dans un dégrèvement dans leur taux d'imposition, en fonction du nombre de véhicules réputés « propres » qui emprunterons ces axes, car dès 2015, il s'agira bien pour chaque citoyen désireux d'emprunter un axe autoroutier payant, de considérer une augmentation des tarifs de péages en fonction du degré de pollution de son véhicule.

La notion de service public, si elle n'a pas été bien comprise par les instances bureaucratiques qui croient servir l'Europe, devront réviser leur jugement sur ce que doit être, en France, un service public et non pas ce succédané que serait le « service universel ». La SNCF, entreprise publique, tout en continuant son adaptation aux enjeux de concurrence devra développer deux axes qui seront majeurs ; le transport ferroviaire, et l'accès aux services de la SNCF pour l'ensemble des français. Ainsi, les augmentations tarifaires exagérées, au prétexte justement de concurrence ou, plus ironiquement encore, au prétexte d'investissements, devront non seulement cesser, mais ne pas discriminer les citoyens, partagés entre l'obligation de se rendre esclave de leur automobile pour leur travail et leurs loisirs, et le train, devenu un produit de luxe alors qu'il fut symbole de modernité, et de mobilité pendant longtemps.
Il n'est nullement passéiste d'affirmer que l'héritage de cet organisation des moyens de transport en France, que l'on retrouve dans le maillage territorial que constitue le Réseau Ferré de France, peut être à nouveau valorisé, en excluant totalement une vision financière à court, moyen ou long terme, mais bien l'organisation sereine, et à l'échelle d'un pays, de l'organisation des transports sur son sol. D'aucuns pourront arguer des

mêmes réticences bureaucratiques devenues étrangères à leur vocation première, comme à la compréhension du modèle français. Il suffit de répondre à cela que la libre circulation des biens et des personnes sera bien sur garantie ; ce sont les moyens avec lesquels ces déplacements se feront, et la manière dont ils seront faits, qui appartient au seul domaine de décision français.

Après tout, l'harmonisation du permis de conduire européen n'a pas entraîné de facto une harmonisation des codes de la route en vigueur de chaque pays membre de l'Union, et l'on peut aller en certains endroits d'Allemagne, à des vitesses qui sont encore prohibées en France, et conduire à gauche au Royaume Uni. Les spécificités nationales ont toutes leurs places au sein de cet édifice européen, et s'agissant précisément des transports, la volonté de la France d'assainir son parc automobile de telle sorte que les particuliers comme les industriels aient le temps de se préparer à ce changement, sa volonté d'organiser une plus grande attractivité des transports en commun, ne doit rencontrer aucun frein.

<u>Système bancaire</u> :   Il est illusoire de croire que la France pourrait, seule, réformer le système financier. La nécessité de réformer les agences de notation est tout de même à sa portée, avec ou sans l'aide des Etats-Unis. Un rapprochement tactique avec le Brésil, la Russie, l'Inde, la Chine et l'Afrique du Sud permettra, au besoin, de produire la pression requise pour que lesdites agences se conforment à des règles voulues par des états souverains, et non par des financiers qui se rengorgent de réussites individuelles. La France, malgré un tourbillon de l'Histoire connu de tous, car elle en aura imprimé le mouvement depuis 1789, aura tout de même et depuis cette date, malgré donc les vicissitudes de l'histoire, payé ce qu'elle devait à qui de droit.
Nous savons voir, dès lors que l'on est capable de sortir de l'unique sillon étroit des économistes, que le sens de l'Histoire, sens imprimé dans des directions différentes selon les Nations qui veulent prendre en main leur destin pour le meilleur et pour le pire, a permis à l'Allemagne de rembourser il y a peu les dettes de la Première Guerre Mondiale, et le récit folklorique des emprunts Russes, aura montré que cette « solvabilité » des

grandes Nations était au-delà des estimations mesquines d'agences dites de notation, par ailleurs souvent stipendiées par des entreprises dont la déontologie voudrait qu'elles se fussent tenues à l'écart.

Il est vrai que cette volonté de faire profit n'est pas blâmable en soi, mais dès lors que des affirmations sur l'état de santé économique d'un pays entraînent des réactions boursières, de plus en plus liées à des machines qui réagissent en fonction de paramètres de profits immédiats, ces entreprises privées se permettent rien de moins que la mise en danger de la santé financière d'états, « grâce » à l'effet de levier que procure les marchés financiers, dont la volatilité est telle qu'il ne s'agit quasiment plus de court terme, mais bien d'immédiateté.

Peu importe alors les conséquences sur ce que l'on nomme alors, à l'occasion d'une crise provoquée par une frénésie de mouvements boursiers relevant plus aujourd'hui de la mythologie de Panurge que des mathématiques, l'économie « réelle »…pourtant, il s'agit bien là du premier chantier de la France ; mettre au pas toute agence étrangère qui, par la diffusion d'informations dont elle aurait par ailleurs la prétention de n'avoir pas à expliquer la provenance, le mode de traitement et de calcul ou ne serait-ce même que la véracité, devra être ainsi considéré comme une agression pure et simple de la nation française. Ainsi, tout individu, ci-devant reconnu comme spéculateur **contre la France**, sera traqué selon sa condition, déféré devant un tribunal qui rend justice au nom du peuple français, et condamné à la mesure de ses crimes.

Tout l'appareil diplomatique français, en liaison étroite avec nos alliés, sera sollicité afin de faire comprendre à chacun que nul ne saurait sciemment appauvrir le peuple français du moindre centime sans avoir à rendre compte de ce qui sera désormais considéré comme un vol. Que cet individu soit un nanti, un héritier d'empire ou un parvenu, peu importe : les français ont l'expérience de la mise à bas de ceux qui croient pouvoir s'élever en s'appuyant sur eux.

Certes, d'aucuns feront valoir que la liberté d'entreprendre, le droit de propriété et autres absolues nécessitées au bien-être économique pourraient ainsi être remises en question : il n'en est rien. Le fait de vouloir châtier les « traders », les spéculateurs et autres agences de notation est d'autant plus légitime que les dettes contractées depuis 30 ans par les générations de politiciens précédentes n'ont pas à être validées par les plus jeunes d'entre nous.

Pour être compréhensible, ce n'est pas parce que les soixante-huitards auront demandé une première carte de crédit au nom de leur premier enfant à venir, puis du second, parfois au nom du troisième, et auront emprunté sur celle-ci pour vivre pleinement leur vie active, et profiter aujourd'hui de retraites que leurs enfants n'auront plus ; que je serai tenu, (retour du servage dont la jeunesse semble devoir hériter aujourd'hui, sans droit de succession, annonce satisfait l'UMP !), de rembourser banquiers et financiers à l'origine pourtant de la crise qui dure depuis 2008. Alors c'est bien aux banquiers de faire des efforts, s'ils ne veulent pas être balayés par un maelström de colère, d'indignation…de violences : il est nécessaire qu'ils effacent une partie des dettes contractées par nos aînés, qu'ils gèlent pour 15 ans les intérêts de la dette qu'a la France, de telle sorte que celle-ci puisse effectivement rembourser le capital, avant de rembourser lesdits intérêts.

Il sera nécessaire pour cela de réformer la loi du 4 janvier 1973. En effet, il me semble utile que la créance française soit détenue par des français, et non par des puissances étrangères, étatiques ou non, que nous aurons bien sûr l'élémentaire politesse de rembourser. Dès lors que ces créances auront été apurées, il deviendra impératif que le budget de la France ne soit plus sous la coupe d'aucune autre volonté que celle du peuple français. Cette détermination est à opposer au gouvernement en place jusqu'en mai 2012, et qui prône une cession de parties de notre liberté d'entreprendre auprès de la Chine, par exemple.

Il est inutile d'expliquer plus avant aux tenants du libéralisme la vacuité de la notation d'un pays, d'un Etat, par un quarteron de spéculateurs aussi intéressés que peu intéressants ; mais prévenons tout de même au moins certaines de leurs saillies dogmatiques.

- Ainsi seraient-ils capables d'évoquer des remous d'ordres boursiers devant ce genre de décision souveraine…ils oublient que la crise financière est déjà ressentie par les plus pauvres, les plus faibles. Que ceux que l'on nomme les riches soient appelés à porter une part du fardeau semble juste ; il leur est encore donné le choix de rendre ce fardeau supportable…avant que d'aucuns s'écroulent sous son poids.

- Ils s'alarment cyniquement de la perte d'emplois qui pourrait en découler, si la chose était faite ; ils montrent ainsi qu'ils sont plus que sélectifs dans la confiance qu'ils veulent bien accorder aux écrits d'économistes libéraux. Il leur sera donc utile de relire Schumpeter, qui leur enseigne les bienfaits de la destruction de leurs emplois…qui seront recréés ailleurs ! Ils pourront tout autant méditer sur le sort de l'établissement autrefois connu sous le nom de « Lehman Brothers », qui sera celui de ceux qui estiment que leur vision libérale prévaut sur le fait de *faire société*. La colère vient pourtant lorsque l'on sait que les dîners en ville des possédants du secteur automobile avec nos ministres des finances n'avaient pas pour finalité la sauvegarde d'emplois annoncés comme supprimés par le groupe Peugeot-PSA : il sera difficile de délocaliser une chaîne de montage de Sochaux aux Bahamas…les postes perdus par les ouvriers ne seront pas recréés pour eux-mêmes, quoi qu'en dise Schumpeter…

- Ils voudraient expliquer que l'on ne saurait effacer des dettes dûment contractées : c'est ici que se trouve la borne de leur pensée, qui leur fera nier le principe de liberté en démocratie, appliqué par exemple autrefois dans la Constitution Athénienne et défendu par Solon. Ce principe affirme avec force que les dettes contractées par les premiers ne sauraient obliger les seconds. Pourtant, à l'image de la Russie qui aura remboursé ses emprunts, malgré certaines vicissitudes connues de l'Histoire ; la France, consciente de 30 ans d'errements économiques, financiers et politiques, paiera tout de même les dépenses somptuaires d'une génération qui s'accroche encore au pouvoir.

Il faut bien comprendre ici que c'est la jeune génération, celle qui aura manifesté contre la « réforme des retraites », inique, injuste et brutale, qui s'assurera pourtant de rembourser *l'essentiel* du capital qui sera réclamé par des ayants droits qui seront, à l'occasion, amenés à expliquer les mécanismes qui les font les légitimes créanciers d'une dette pourtant illégitime du point de vue moral.

C'est bien cette jeunesse de stagiaires précarisés, oubliée, humiliée et entrant « définitivement » dans la vie active aux alentours de 27 ans en moyenne, qui s'assurera hélas de sauvegarder ce qui est nécessaire à un niveau de vie et de confort Occidental. Cette sauvegarde, ce remboursement, ne devra pourtant être fait que dès lors que les caciques, les tenants des pouvoirs, acceptent d'expliquer en détail les origines de cette dette, s'emploient à réduire d'emblée le montant de celle-ci après avoir gelé le remboursement des intérêts, et...cèdent des places à la jeunesse qui doit être en mesure de prendre les décisions qui conditionnent sa qualité de vie.

-Ils seraient capables enfin, de vouloir théoriser que « l'interventionnisme d'Etat », (incapables qu'ils sont de percevoir ce qu'est la démocratie), détruirait la confiance que l'on pourrait avoir en ces agences de notation, que le Marché seul serait habilité à récuser...ils veulent ainsi passer sous un silence en la circonstance complice, la faillite totale des prédictions de bonimenteurs de ces agences de « notation ».
Il suffit de se souvenir de leurs positions publiques sur les sociétés comme AIG, gratifié d'un « Triple A », ou encore du niveau de « Lehman » juste avant la crise. Il serait plus juste de percevoir ce « Triple A » comme un Triple Lutz comptable, tant les contorsions qui visent à faire croire que la société ainsi notée est viable, confine au ridicule d'abord puis, et le mot est pesé : à la propagande.

Le manque de consistance de ces agences est donc connu, établi, comme il est établi que la « Main Invisible » du Marché n'aura pas souffleté lesdites agences. La croyance en l'autorégulation serait donc uniquement puérile si les gourous de cette croyance ne faisaient payer leurs lubies à ce qui devient tout d'un coup dans le discours de l'économie libérale : « l'économie réelle »...les « vrais gens », les classes moyennes convoquées alors pour payer l'ardoise.

Malheureusement, on ne peut même pas être surpris de cet état de fait, quand on voit les hommes politiques français de **tous bords** s'évertuer à complaire à cette triste figure qu'est le « Triple A », au lieu de le récuser avec force d'abord, à le combattre énergiquement ensuite. Le fait qu'il y ait parmi ces agences un de leur propriétaire qui soit français ne devrait pas retenir la juste colère de tout un chacun contre ces officines…au contraire.

Hélas, il existe sur le plan purement national ce genre d'agence boursouflée d'orgueil et gavée de l'argent d'un contribuable bien trop passif ; il s'agit en l'occurrence de l'ACP, l'Autorité de Contrôle Prudentiel. Cette assemblée de notables est constituée en partie et dirigée de facto par toute une clique de ces banquiers et d'assureurs qui, après avoir spéculé au temps de la crise, veulent faire croire qu'ils se soucient du citoyen, qu'ils appellent d'ailleurs consommateur uniquement, en s'occupant, pour faire bref, de moraliser le secteur bancaire, tellement rentable.

En fait, cela revient à donner les clefs de la bergerie à des loups qui connaissent déjà le goût du sang. Ces grands argentiers, souvent héritiers du petit monde des banques et des assurances, se régalant de salaires allant jusqu'à près de deux millions d'euros mensuels, croient aujourd'hui pouvoir disposer d'un outil qui, sous une façade forcément Républicaine puisque dorée, leur permettra de donner le change lorsqu'un gouvernement qui n'aurait pas ses habitudes au Fouquet's arriverait incidemment au pouvoir, et insisterait pour réformer le secteur bancaire : ils s'en chargent ! Cette hypocrisie, qui est plus proche du vol que de la seule malhonnêteté intellectuelle, devient une insulte devant la souffrance de tant de particuliers qui ont eu à surmonter d'abord des conséquences de la crise, et ensuite du mépris de leurs banquiers qui se chargeaient de les étourdir un peu plus, au moyens de frais reconnus comme étant les plus élevés, les plus opaques, les plus systématiques d'Europe…c'est-à-dire du monde !

Et voilà que cette « autorité », se prévaut aujourd'hui d'indépendance, surtout par rapport aux législateurs. Le peuple, qui aura déjà payé son écot au sauvetage des banques, se voit remercié aujourd'hui par cette gifle supplémentaire de quelques nantis soucieux de leurs seuls intérêts.

Or donc, c'est un homme du sérail choisit par un ministre de l'économie formaté à l'école libérale américaine, qui entend faire croire aux petites gens que les procédures de nominations de ses amis se feront en toute transparence…il est urgent, dès 2012, de mettre à bas cette structure hideuse, qui par ailleurs ne fait que doublonner certains services de la banque de France, en lui ponctionnant également un budget au passage. Le plus dangereux dans l'existence de cette excroissance administrative, comme il en existe d'autres à supprimer par la suite, restant de vouloir confier un pouvoir réel qui devrait rester aux mains des représentants du peuple, à une assemblée coupable pour la plupart de ses membres, d'un lucre qui ne peut qu'entraîner des actions violentes de la part de citoyens excédés.

En effet, à la lecture des « statuts » de ce qui s'apparente à un club de financiers, il est spécifié que ces caciques seraient indépendants en tout point du pouvoir, disposeraient d'une autorité garantie par la loi, seraient certains de leur irrévocabilité, rassurés par l'absence de possibilité de leur donner des instructions, et par l'autonomie d'un budget qui, si ils ont réussi encore une fois à faire en sorte de ne rendre de compte à personne, restera néanmoins financé par le contribuable. Quel recours contre ce type de structure, qui voudrait même dire le droit ? Il est donc de première nécessité que ce genre d'assemblée soit annihilé dès que possible.

Il apparaît, dès 2010, que des fonctionnaires ayant une habitude certaine dans le « pantouflage », de l'ENA aux sociétés privées, mais accueillantes pour les amis proches du pouvoir, que ces véritables apparatchiks donc, faisant fi de toute déontologie réclament rien de moins que la mainmise sur les dernières économies des français, en voulant soustraire à la Caisse des Dépôts et Consignation, soucieuse de l'intérêt général, la gestion du livret A ; car ces banques en plus d'être aidées et déloyales, n'ont pas su ou voulu anticiper les accords issus de Bâle III ; ainsi sont-elles en quête de liquidité, et ayant encore en tête la facilité avec laquelle elles ont pu user sans contrepartie de l'argent du contribuable, les grandes banques françaises s'entendent donc à faire passer la gestion de ces mêmes livret de l'intérêt général à leurs intérêts propres, et qui sont très particuliers.

Les 60 millions de livret A sont ainsi devenus la cibles d'hommes capables de s'émouvoir lorsqu'ils reçoivent la légion d'honneur des mains de leurs amis, alors même qu'ils auront été propulsé à leurs places par une duperie contre laquelle toutes les commissions de déontologie du monde ne peuvent rien…dès lors qu'elles sont sciemment contournées, ignorées et rendues au silence par un pouvoir complice. Puisqu'il est difficile de parler des manœuvres des banques sans avancer un minimum de chiffres, en voici donc un, accompagné de sa raison d'être.

L'épargne des français sur ce type de produit, (livret A, LDD…), atteint les 220 milliards ; 86 milliards sont déjà « gérés » par les banques à cette occasion prédatrices, (BPCE, BNP-Paribas, Société Générale),
Après François Pérol, patron de la BPCE, Baudoin Prot (BNP-Paribas), puis Fréderic Oudéa (Société Générale) ont engagé le bras de fer avec la Caisse des dépôts. Fin 2009, elles conservaient près de 85,6 milliards d'euros sur les 220 milliards que totalisent ces produits d'épargne. Le reste, centralisé à la Caisse des dépôts, finance le logement social…et c'est bien cet argent sur le logement social sur lequel lorgne les banques. Il n'y plus qu'à ce souvenir de la manière avec laquelle les banques traitent les prêts immobilier, et le citoyen moyen a une idée de ce qui l'attend, une fois que ces prédations auront réussi !

Pourquoi cet empressement des banques? C'est à Bercy, après le bouclier fiscal, de fixer par décret le taux de centralisation qui partagera le pactole entre la Caisse des dépôts et les banques. Leur objectif : mettre la main sur 50% des noisettes, 25 milliards d'euros supplémentaires. Avec un argument de poids : le financement des PME.
Sauf que les derniers chiffres publiés par l'Observatoire de l'épargne réglementée invalident le bel argument. Entre fin 2008 et fin 2009, les fonds restants au bilan des banques ont progressé de 17%. Face à ce pactole de 12,5 milliards d'euros, auxquels s'ajoutent 14,5 milliards ponctionnés sur la CDC dans le cadre du plan de relance, l'encours des prêts aux PME n'a progressé que de 6 milliards d'euros !!!

**Les banques veulent simplement capter tout l'argent du Livret A, l'argent
d'épargne des français.**

« Que les banques aient des problèmes avec les normes Bâle III, c'est une
évidence. Mais la seule solution ne peut être l'augmentation de leur part
dans les Livret A », déclare même Michel Bouvard, député UMP lui aussi au
conseil de surveillance de la CDC.

Car des ressources, les banques vont devoir en trouver. En réponse à la
crise qu'ils auront eux-mêmes créée, les nouvelles normes prudentielles les
obligent à mettre d'avantage de fraîche face à leurs engagements. Deux
choix s'offrent à elles : trouver des dépôts, (l'argent du Livret A), ou
augmenter leurs fonds propres. Problème, cette option réduit le rendement
des actionnaires. Lequel se porte à merveille, comme si la crise n'avait
jamais eu lieu. BNP-Paribas a publié un résultat de 11 milliards d'euros en
rythme annuel, soit un rendement des fonds propres de 13,5 % !

La volonté des énarques est de préserver leurs excellents résultats. Quitte
à mettre en danger le financement du logement social, et à licencier, à
charge pour la collectivité de prendre en compte leur chômage. C'est
pourtant ce qu'induit leur demande d'un taux de centralisation à la CDC en
deçà de la limite de 70%, niveau prescrit dans un récent rapport par la Cour
des comptes.

La proposition se poursuit, en rendant possible à tout français d'ouvrir un
compte bancaire aux fonctions essentielles, aux frais de fonctionnement les
plus bas du marché, se basant sur la dématérialisation de ces mêmes
services, hébergé à la banque de France. Il ne s'agirait pas de prêt, mais
bien d'épargne et de **moyens de paiement**. L'argent utilement récupéré du
fait de la dissolution de l'ACP pourvoira amplement au financement de
cette activité.
-Dissolution des autres autorités administratives, ou fin de subvention
(HALDE, Hadopi, etc…)

S'il est certain que se sont bien les politiques qui depuis 30 ans accumulent pour leurs héritiers une dette colossale, le quatrième pouvoir aura lui aussi contribué à l'endormissement intellectuel qui connaît aujourd'hui un réveil brutal : quelle que puisse être l'intelligence des théoriciens de l'économie, ils ne sauraient être distingués des diseurs de bonne aventure, (la leur, essentiellement), dès lors qu'ils apparaissent dans les médias généralistes ou spécialisés, et qu'ils assènent leurs prédictions comme autant de « tubes de l'été ». Bien sûr, si les faits leur donnent tort, (ce qui arrive au libéralisme depuis sa création), ils déclament en plus que l'incompréhension vient des politiques en général, du peuple en particulier…en somme, des artistes incompris dont le public n'aura pas perçu le talent.

Il est plus que temps de **les payer effectivement selon leur mérite**. Evidemment, je sais bien que dès lors que l'on insiste pour dire leur fait aux théoriciens de l'économie, ils se voient gracieusement défendus par les médias qui hurlent alors en cœur au retour du populisme ou de la théorie du complot…Pourtant, aussi vrai que la France aura toujours réglé ses créanciers au cours des siècles, il apparaît ce moment de vérité, en 2012, ou les responsables des dettes, des déficits et de la propagande libérale doivent rendre des comptes, et pas selon leurs normes comptables fumeuses.

J'imagine sans peine ce qui pourrait être dit par ces grands médias à la lecture de ce Projet, aussi je tiens à rassurer le citoyen qui en viendrait à douter de la légitimité de la lutte que j'entends mener.

Que mes lectrices, mes lecteurs veuillent bien considérer d'abord ce qu'est l'ENA, et qu'ils s'interrogent sur la place que cet établissement de la République possède dans la marche des institutions, dans le fonctionnement de l'Etat, et enfin dans l'imaginaire collectif. Que cette place d'ailleurs soit réelle ou fantasmée, l'ENA est perçue, comme les bataillons de hauts-fonctionnaires qui en sortent, comme des commis, des serviteurs de l'Etat : un service public.

Que mes lecteurs veuillent maintenant s'interroger sur la responsabilité des banques dans la Crise, le recours à la « rigueur », essentiellement pour les plus fragiles, la convocation de « l'austérité », uniquement pour les 8 millions de travailleurs pauvres, la nécessité pour l'Etat de consolider, même fugacement, les argentiers imprévoyants avec de l'argent public…

…et maintenant de considérer que les trois « grands patrons » de trois établissements bancaires relativement importants en France ; BNP Paribas, La Société Générale la BPCE, ont à leur tête 3 énarques, dont on pouvait attendre qu'ils se soucient un minimum du bien commun. Sans effort aucun, il devient possible de se rallier à la théorie du complot ; pourtant un rapide effort d'une réflexion toujours nécessaire prouve sans peine l'absence de complot…simplement le dévoiement réel et complet d'hommes qui se repaissent d'une République qu'ils voudraient, comme pourrait la décrire un de leur grand ami ; « un cadavre à la renverse », pour mieux se laisser aller aux glapissements des hyènes autour d'une charogne.

Théorie du complot :

C'est un peu comme dans la fable des trois petits cochons ; Trois patrons de banques, imprévoyants mais soucieux d'eux-mêmes, construisent des édifices que chacun sait trop fragiles face au grand méchant loup, le « marché ». Ainsi nos énarques, empruntant à l'état pour reconstruire leur édifice à chaque fois, s'entendant pour le faire de concert afin qu'aucun d'entre eux ne puisse être jugé d'incapable, puisque tous échouent…C'est la faute à la crise ! Ainsi Prot, Pérol et Oudéa disposent de notre tirelire, de notre épargne…c'est à se demander ou est le grand méchant loup…

Si d'aventure ces trois-là en venaient à vous faire pleurer malgré tout sur leurs écrasantes responsabilités de chefs qui les obligent à renvoyer du personnel, (qui sera pris en charge par la solidarité nationale, par le biais d'Assedic, de RSA et autres allocations), afin de pouvoir selon le terme consacré « provisionner » suffisamment de fonds pour récompenser les

« traders » qui auront contribué, selon leurs mérites, à affamer un peu plus le monde en spéculant sur les matières premières...et bien ces trois-là, c'est bien vous qui paierez leurs retraites, en excellent hauts-fonctionnaires qu'ils furent...tels des entraîneurs d'équipes d'un sport collectif qui peuvent toucher des millions d'euros de prestations payées par le contribuable, ils feront valoir « qu'ils y ont droit »...cela donne vraiment envie de casser sa tirelire...

Ce qui ressort de ce court article sur la nécessaire réforme du système bancaire français, est que celui-ci, en plus de manœuvres honteuses dont un des symboles reste l'incapacité d'une commission de déontologie à lui dire son fait, piétinée depuis le Vatican lors de la nomination d'un nouveau Protos, doit se réformer lui-même s'il ne veut pas courir le risque d'une nationalisation qui rappellerait celle de 1944.

Des lectures attentives permettent de comprendre quels sont les ressorts moraux des banquiers aujourd'hui, qui se permettent depuis le perron de l'Elysée, de juger avec hauteur et aigreur l'initiative citoyenne d'un ancien sportif qui a conscience du chemin qu'il aura parcouru, et souhaite assez naïvement éviter l'impasse à qui voudrait l'écouter. Et que dit le banquier, de cette saillie ? Tout simplement que ce bon sentiment est « irresponsable », rien de moins. A l'entendre, il est « irresponsable » que les citoyens disposent comme ils le souhaitent de leurs deniers personnels...quand il leur en reste.

Il faut dire qu'il aura été soutenu en cette affaire par une avocate qui aura travaillé gratis à cette occasion. Il s'agissait pour elle que les consommateurs-citoyens ne puissent faire de vagues et rappelait fort à propos qu'à son sens, l'économie restait affaire de professionnels... alors même que son expérience pratique en économie ne fut rien d'autre que celle du souffle, afin de faire des ronds dans l'eau. Qu'il eut été agréable que pendant 5 ans, cette personne retint son souffle !

Solidarité européenne : Au-delà du fond d'intervention, qui a pour vocation première de débrider les instincts joueurs de banquiers ainsi assurés de pouvoir à nouveau être sauvés, la solidarité véritable de la construction européenne consisterait à renoncer à demander à la Grèce le paiement des intérêts sur l'argent que la France lui aura accordé. Il est nécessaire de préserver la liberté d'entreprendre, la libre circulation des capitaux ; il reste encore possible de ne pas avoir d'harmonisation fiscale au sein de l'Union européenne…il est indispensable de rappeler aux économistes qui conseillent les Princes en plaidant le profit, que leurs théories ne valent que le crédit que l'on veut bien leur accorder : la véritable richesse des entreprises, resteront bien les hommes qui les composent, quelles que soient leurs nationalités, et si il existe des différences insurmontables, sources également de richesses entre toutes les nations européennes, ces différences ne doivent pas être perçues comme la possibilité d'en tirer un avantage, mais l'occasion de mobiliser des ressources que l'on exploite hélas bien trop peu…la cohésion et la solidarité. Cohésion de l'espace économique européen, par la prise en compte des problèmes Grecs ; solidarité, en refusant de percevoir des intérêts. La création d'un nouvel outil économique permettra dans un premier temps, le désendettement progressif de la France, puis l'abondement d'un fond qui permettra d'aider les autres pays de la zone euro, invités bien sûr à y participer.

Pourtant, il est utile d'aller vers l'effacement de la majorité de la dette Grecque, prélude à la reconsidération des dettes de la France elle-même. Un homme politique en disgrâce du fait de sa vie privée bien peu respectée par les médias, l'aura d'ailleurs évoqué : les caciques de l'UMP, ignorants de l'économie réelle comme de l'Histoire, auront crié à l'irresponsabilité, ne se rendant pas compte que leur couche d'ignorance leur faisait se gausser d'Aristote là où ils croyaient lancer des pierres à un économiste plus écouté qu'ils ne le seront jamais. En effet, Aristote en commentant la Constitution d'Athènes se fait le thuriféraire de Solon, qui aura prouvé que l'effacement de certaines dettes faisait l'avancée de la civilisation. Rendre hommage à ceux qui auront théorisé, puis imposé l'idée de Démocratie en Europe ne serait pas une mauvaise chose si les électeurs pouvaient s'en souvenir aujourd'hui, et les financiers et autres banquiers le subir de plein fouet. L'acharnement des différentes places financières sur le cas de la Grèce contemporaine, fait qu'il est nécessaire de les faire payer tant de petitesse devant une histoire plus riche que ces banquiers ne le seront jamais.

S'il est reconnu que les marchés financiers permettent le profit, il serait vain de vouloir s'en priver, du seul fait d'une idéologie qui ne serait que posture. Il s'agira donc d'augmenter la TVA de 1 % à cette fin de désendettement, ce qui devrait pendant deux ans rapporter à l'Etat environ 12 milliards, dont les deux tiers serviront au désendettement, tandis que le dernier tiers, placé sur les marchés sur des fonds de type Norvégien, ou autres fonds éthiques, permettra d'accélérer la capitalisation qui devra atteindre les 2000 milliards d'euros d'ici à 2035, du fait également de la mise en place de la taxe Eisphora, (dite Tobin), par la France, et certainement la Grèce et l'Allemagne. Cette capitalisation aura pour objectif le désendettement des pays européens, qui entendaient jusqu'à présent constituer un héritage de dettes aux générations futures, qui se trouveraient ainsi privées d'alternatives autres que de rembourser une dette colossale, au mieux régresser économiquement d'abord, socialement ensuite.

Bien sûr, les Cassandre, les libéraux et les héritiers de systèmes établis qui permettent la reproduction de leurs avantages propres verront d'un mauvais œil se retour de l'Etat qui s'occuperait, à nouveau de ses concitoyens dont il reste l'émanation, aussi imparfaite soit-elle ; mais si deux autres grands pays de la zone euro venaient à rejoindre ce « Fonds de Solidarité Européen », la somme de 2000 milliards serait atteinte avec certitude, et certainement plus tôt qu'en 2035. Il restera indispensable que cette « cassette » reste bien loin du jardin d'Harpagon, et il s'agira d'inscrire dans la Constitution Française les principes qui régiront ce Fonds ; les organismes privés ne devront avoir aucun moyen d'en bénéficier, qu'il s'agisse de sauvetage de banques irresponsables pensant qu'elles seront encore renflouées au frais d'un contribuable qu'elles pressurent déjà, ou même du financement des entreprises ; il apparaît nettement que cet investissement, qui se fera au travers de cette augmentation de la TVA, ne devra profiter qu'aux seuls citoyens.

<u>La dette :</u> L'évolution attendue de la géopolitique montre que les pays qui pèseront sur la scène internationale seront ceux qui, truisme incontournable, en auront les moyens ; mais cette vérité doctement assénée doit être suivie de projets viables, à moins de vouloir abdiquer la place de la France dans le monde. Il est évident que je n'appartiens pas à la catégorie des défaitistes, et il est certain qu'après la question de l'énergie, c'est « la bombe » que constitue la dette qui conditionnera la liberté d'action de la France dans les 15 ans qui viennent. Vouloir s'en dégager, construire un avenir, c'est-à-dire financer un projet de société en commun, c'est accepter cette augmentation de TVA dédiée à cette unique cause : la jeunesse qui aura manifestée, injustement taxée d'immature, voire déclarée « non concernée » par un pouvoir tellement ébloui par les hommes d'argent qu'il n'y voit plus rien, cette jeunesse donc, sait bien l'urgence qu'il y a à construire cette digue contre la précarité, la paupérisation…la pauvreté.

La stigmatisation imbécile des erreurs grecques par le monde la finance, ignare comme à l'accoutumée, voudrait rendre le rire moqueurs des banquiers suffisamment gras, suffisamment bruyants qu'ils en viennent à couvrir leur complicité dans le pilotage de bien des erreurs politiques de la Grèce. Il ne s'agit pas d'oublier non plus, pour la France comme pour l'Allemagne, que c'est en parfaite connaissance des « habiles constructions financières » du pays des Hellènes, fermement conseillé, soutenu restant le terme le plus juste, par les banques américaines, que nos industries ont pu vendre des biens dont l'utilité reste douteuse, et dont en tout cas le peuple Grec ne saurait se servir aujourd'hui pour améliorer son quotidien. En revanche, le terme est d'importance, la Grèce devrait à nouveau se saisir de ce qui a constitué sa grandeur, et qui fait notre héritage européen commun. C'est bien de son passé qu'il faut tirer les leçons pour notre avenir.

Relire les réformes de Solon à l'aune de la crise que nous vivons est donc impératif. C'est une réflexion sur la nature de la dette, sur sa légitimité même, qu'il nous faut penser.

Sisachtie. C'est ce terme oublié des politiques dont il faut introduire la valeur, et la porter au plus haut…jusqu'aux sphères financières qui se croient au-dessus de tout, et de tous !

La France gèlera donc les intérêts de la dette pour 15 ans, de manière à réduire la dette en elle-même, avant bien sûr, de payer également ces intérêts.

<u>Inciter les grands groupes de la CAC 40 à investir en France…ou les démanteler :</u> Il est notoire que les sociétés dites françaises qui composent le système de calcul automatisé des cotations (CAC), s'affranchissent allègrement de leurs contributions aux impôts, faisant de la France la place européenne ou les grandes entreprises sont les moins taxées. Partant du constat que l'on ne discute pas avec un automate, dusse-t-il représenter 40 sociétés qui auront détruit plus d'emplois qu'elles n'en auront créé, il s'agira de permettre à celles-ci de relocaliser dans un laps de temps estimé à 3 ans, les milliers de filiales, sociétés écrans et autres épouvantails à impôts, qui obèrent le budget de la France. La nationalité française ne se marchandant pas, il reste inconcevable par ailleurs que les méfaits de ces groupes soient identifiés comme français, d'autant plus que ces mêmes groupes ne sont français que par subterfuge : si la France devait s'attirer l'opprobre, il faudrait au moins qu'elle en eut tiré profit ; or, les paradis fiscaux sont les seules places qui profitent pleinement de ces sommes astronomiques, si ce n'est certains grands patrons, qui viennent profiter de la douceur de vivre en France, comme tant de millionnaires aujourd'hui.

Il est urgent de créer un système d'investissement social, qui en fonction d'une somme investie par ces grands groupes, leur permettrait un rabattement fiscal qui les rapprochent ensuite, en toute légalité, des performances de ces paradis fiscaux dont ils profitent, au détriment des impôts, et donc des citoyens français. D'aucuns diront qu'il s'agit d'un nouvel impôt, ou une taxe. Disons simplement qu'il s'agit d'un « véhicule financier » qui profitera à la France, plutôt qu'aux seuls spéculateurs.

Prenons un exemple type, et voyons quel serait le mode de fonctionnement de ce système, que l'on pourrait appeler « Système Colbert ». Total, Air France, Renault et France Télécom disposent de dizaines de filiales installées à moindres frais dans ce qu'il est convenu d'appeler des paradis fiscaux ; l'argument massue de ces entreprises étant de déclarer que les impôts français grèvent leur budget de manière excessive jusqu'au point de gêner leurs investissements. Ces sociétés préfèrent donc, pour minimiser leurs impôts, gérer une partie des revenus de leurs dirigeants, financer des opérations qui n'ont aucune visibilité du point de vue des autorités françaises, en des places qui en plus d'une opacité certaine, siphonnent ce qui aurait dû rester dans des coffres français, et pas des coffres de particuliers français : au-delà du manque à gagner en terme de budget pour la France, il faut constamment se rappeler que ces groupes, comme Renault et d'autres, ont pour actionnaire l'Etat Français, c'est-à-dire chaque citoyen. Il devient donc impératif que ces sociétés se plient à la volonté de justice sociale de cet actionnaire particulier, sous peine de désengagement de l'Etat dans un premier temps, de sanctions dans un deuxième temps.

Le système Colbert permettrait dans un premier temps le rapatriement dans des conditions proches de celles offertes par les places financières dites « offshores » , de l'ensemble de ces filiales, pour se voir appliquer progressivement, sur une période de 15 ans, un retour à une taxation exclusivement française...qui reste toujours si favorable que la France reste encore un lieu d'implantation important pour de nombreuses entreprises étrangères.

Dans un deuxième temps, pour les récalcitrants, y compris ceux qui se réclament de nationalité française sans souscrire à leurs obligations d'impôts, il s'agira purement et simplement de nationalisations, d'interdiction de commercer sur le territoire français, de mise en examens des responsables desdits groupes pour dissimulation fiscale, évasion fiscale, de demande d'arriérés d'impôts de ces mêmes sociétés...en un mot, disposer de la puissance de l'état de telle sorte que ces entreprises se plient à la volonté d'un peuple dont le choix de société réclame cette justice sociale, ou disparaissent. Il est vrai que ces groupes « appartiennent » souvent à des fonds de pension étrangers, qui ne verront pas d'un bon œil la perte de profits immédiate. Ceci est un argument supplémentaire pour indiquer que cet indice de cotation, la CAC 40, n'est plus vraiment un indice français ; ensuite, la seule perspective d'un état décidé à influer sur les marché de manière affirmé mais ouverte, devrait inciter les actionnaires à accepter ces changements…ou simplement à se défaire de leur participation dans ces multinationales.

Le système Colbert servirait donc à solder, en quelque sorte, les filiales offshore et les pratiques anti-françaises de sociétés qui se réclament pourtant de cette nationalité.

Il est une constante que la vieille Europe aura à cœur de rappeler aux libéraux ; l'Europe, qui a inventé la Bourse, ne saurait renier son passé, son héritage économique qui, alors même qu'il affirme que la place du marché est un lieu essentiel de la société, et contribue également à ses avancées, affirme avec constance qu'il ne s'agit que d'une place définie, déterminée et contrôlée par le gouvernement en place, par une autorité politique donc, quelle qu'elle ait put être au fil du temps. Ce n'est pas le marché qui ordonne à la Cité ; c'est la Cité qui indique à quelle place, sous quelles conditions et combien de temps le marché se tiendra. Le « Marché » est une place qui, idéologiquement, moralement et surtout intellectuellement, doit céder sa place dès que nécessaire à « L'Université ». Pour résumer, les humanités sont supérieures aux profits, et les humanités disent clairement que l'apaisement d'une société aujourd'hui ulcérée par le mépris d'une nouvelle caste possédante passe par une forme de justice sociale.

Un élément de réflexion assez amer consiste à comparer les besoins de l'ONU pour financer le Programme Alimentaire Mondial, 5 milliards, avec les sommes concentrées dans les « paradis fiscaux » : les experts s'accordent sur plus de 5000 milliards. Peu importe la devise dans laquelle vous souhaiter visualiser cet abyme creusé par le lucre : 1000 contre 1.

Sur ce sujet, il est illusoire et inutile que la commission européenne s'occupe d'un sujet qui reste financier ; ladite commission aurait mieux à faire en se penchant sur les problèmes culturels et sociaux d'une Europe asséchée intellectuellement de tant d'intérêt vers les seuls sujets économiques, financiers et bancaires. Bien sûr, de nombreux obstacles juridiques se dresseront face à ce projet de taxation, de mise au pas fiscal de sociétés qui estiment encore avoir à gagner en s'excluant d'un système qui se veut social. Mais l'exaspération est telle, dès à présent, qu'une action réfléchie à l'échelle d'un état, et surtout de l'état français, saura mettre au pas irrémédiablement ces structures égoïstes. L'action se portera essentiellement sur les acteurs clairement identifiés de ces mouvements d'évitement de l'impôt justifié.

Leur responsabilité sera engagée personnellement, quotidiennement. Dès lors qu'il ne s'agit pas de détruire de la richesse, mais la faire revenir sur le territoire national, de manière mesurée ; ces groupes dont on sait que l'indice aura détruit plus de richesses qu'il n'en aura créé, auront tout intérêt à choisir de reprendre leur place, encore légitime, dans le jeu social d'un pays qui les aura non seulement vus, mais faits naitre en son sein. Vouloir échapper à cette justice distributive provoquera, invariablement, une réaction violente, que cette candidature essaye justement par ces propositions tempérées, de circonscrire ou même d'éviter.

<u>Fiscalité :</u> Une réforme qui n'aura que trop attendue, devra être celle de l'imposition à la source. La difficulté de l'imposition de l'année -1 pourra être contournée si une planification est faite, non pas de manière soviétique, mais pensée comme un investissement : qu'est-ce qu'un investissement si ce n'est une planification de certaines dépenses ?
Il faut savoir qu'en France, c'est à peine moins de la moitié des foyers qui paient l'impôt sur le revenu. Le premier pan de la réforme devant passer en 2013, les foyers qui à cette date, obtiendraient les revenus suffisants pour les rendre imposables, passeraient automatiquement dans le nouveau système fiscal.
Ensuite, s'il était décidé que dès 2013, tous les citoyens rejoignant le service de l'Etat, de la fonction publique, seront imposé directement à la source, cela créerait les conditions de départ de ce basculement fiscal à l'échelle d'un pays, car la mise sur pied de lois de défiscalisations, créées au fur et à mesure de la réforme, permettront aux citoyens volontaires d'effectuer ce « rattrapage » dans le temps. Ainsi, pour un foyer dont les revenus de 2015 seraient imposés en 2016, le schéma suivant pourra leur être proposé :
-Investissement en 2015 dans des lois de défiscalisation, (par exemple le financement du Groupe de contact et de recherche sur le VIH), abattement ou réduction d'impôts en 2017 de l'ordre de 20%, avec à partir de cette

date, 2017, une imposition à la source. Donc 2017 seront sur les revenus de 2017, 2018 sur 2018, et ainsi de suite.

Il est entendu que ce basculement aura un coût pour l'Etat le temps de cette réforme, c'est-à dire pour le contribuable, mais lui profitera par la suite sur tout le temps ou ses revenus se révèleront être suffisants pour être imposés. Afin donc d'accompagner ce basculement, un « bon », ou un abondement sera prélevé à chaque foyer fiscal imposable, proportionnellement à ses revenus, et avec toujours l'assurance de savoir, (du fait de garanties de transparence et de suivi de la Banque de France et de la Caisse de dépôts et Consignations), ou ira directement cette somme. A un des projets industriels français ; Projet Cyrano, L'Or du Rhin, Groupe VIH, Mémoire Numérique…ou plus spécifiquement à la réduction de la Dette.

A cette heure, et pour évoquer rapidement certains chiffres, il s'agit de 2,5% du PIB du pays, dont il faudra accompagner la transformation du prélèvement sur 8 ans.

Par contre, du fait de ce choix de société aux avantages cités précédemment, il faut noter que les contribuables qui ne seraient pas volontairement passés à une imposition directe d'ici à 2021, seront tenus de le faire de par la loi. On aura noté que les lois de défiscalisation n'auront donc que peu d'intérêt après 2021, mais il restera possible, afin de stimuler le tissu industriel français, rassurer les inquiétudes sur la propriétés privée, et amender les critiques sur le droit des riches à disposer de leur capital, de continuer à profiter de lois de défiscalisation dans le cadre de l'ISF, **<u>qui devra à tout prix être conservé</u>**.

Cet impôt ne constitue pas une revanche du prolétariat sur les capitalistes ; il s'agit d'un choix de société qu'il est dangereux de vouloir remettre en cause, qu'il est imprudent de contester et au vu des plus de 8 millions de français qui vivent avec 750 euros mensuels, il serait même insultant de comparer avec d'autres pays. Si la France, pays du G8, G20 et autres organisations qui lui renvoient un reflet flatteur, reste capable d'être un des pays qui attire le plus de millionnaires, il est utile de maintenir les conditions, les règles qui contribuent à une certaine paix sociale, qui se nourrie, elle, d'un sentiment de justice : les « riches » peuvent bien payer plus, puisque ce faisant, ils restent riches, et jouissent de la société que tout un chacun compose.

Je suis par contre favorable à une réforme, telle que celle déjà engagée, permettant de taxer plus les revenus du patrimoine, plutôt que les revenus du travail. Ainsi, et toujours dans le cadre de l'ISF, un entrepreneur audacieux, désireux de vivre sa citoyenneté en France, pourra et jouir de sa fortune née de son labeur, et contribuer à peine plus que les autres à des projets de sociétés, dont la liste aura été donnée précédemment.

Pour ce qui est de la fiscalité des entreprises, comme évoqué sur le chapitre évoquant les très mauvaises pratiques bancaires, il restera toujours le moyen d'abaisser leur pression fiscale en investissant, plutôt que dans les paradis fiscaux, directement dans les projets industriels évoqués, ou également la réduction de la dette.

<u>**Partie 3**</u>

<u>**Projet de Conférence Occidentale :**</u>

Présentation en la cathédrale de la Seine Saint-Denis. Invitations au CRIF et au CSFM.
Réunion de la première séance de travail au Laténium de Neuchâtel ?

Depuis que les ministres de l'intérieur mis en place par le chef de gouvernement ces 5 dernières années auront été mis en examens, accusés, rabaissés dans leur fonction qui devait être grande alors qu'ils n'en ont jamais eu la stature, capable d'être paralysés par quelques centimètres de neige, ils auront été pourtant capables de rappeler par la production d'une circulaire qu'il stipendièrent au plus capable de prendre plaisir, en ciblant des citoyens européens et en les stigmatisant comme seule une administration fasciste est capable de le faire, que les français plusieurs fois dans l'Histoire furent capables de déshonneur.

L'auteur, donc, de ce petit papier qu'il pensait aussi brillant qu'une étoile, ce petit fonctionnaire indélicat pourtant, obéissant aux ordres avec une délectation que lui commandait son atavisme, aura poussé encore plus loin, sûrement, la commande odieuse qui lui fut faite de dénoncer, de désigner à une foule dont les souffrances sont propices à accueillir un bouc émissaire, des individus dont la seule faute était d'être considérés comme indignes, si ce n'est plus, par la pensée nécessairement hygiéniste de l'UMP à cette occasion.

L'infection de cette bavure, au sens étymologique comme littéral, aura été si prégnante que l'amende honorable qui fut faite sous le feu roulant des critiques du monde entier ne saurait enlever la tâche forcément indélébile. Il était heureux que l'honneur de la France ne soit pas conditionné aux errements en retard de 72 ans d'un obscur individu qui vient par la même souiller la fonction publique ou il sévit encore. Bien que le rédacteur de cette infâme acte d'accusation, qui rappelle autant les lettres de cachet que feu le Service de Travail Obligatoire, ne soit pas seul responsable de cet abaissement qui ressemble à la courbure de son échine, il suffit de considérer…la promotion qu'il reçut ensuite…

C'est donc bien l'honneur de quelques-uns qui aura à répondre de l'ignominie, pas celui de la France qui, si j'en viens à la servir encore, saura mettre à l'amende ceux qui se seront réclamés d'elle en signant cette forfaiture.

Hélas, le sens politique des élus UMP qui leur fait réussir à cumuler mandats sur mandats ne les aura pourtant pas trompé à cette occasion : ces temps de bouleversements amènent un questionnement de fond sur la question de l'identité. Ce qui reste étonnant, c'est que l'on aurait pu penser qu'ils auraient au moins réfléchit aux réponses à apporter à cette question légitime, sans avoir à aller plus loin que les réponses qu'il leur suffit de piocher dans le corpus idéologique du Front National ; réponses que je tiens ici à qualifier à tout le moins de naïves la plupart du temps, provocatrices parfois.

Buts de la conférence Occidentale :

L'idée consiste donc à permettre à des scientifiques, écrivains et penseurs de toutes les nationalités, appartenant au monde de la francophonie de préférence, d'affiner le sentiment de « fin d'époque » qui semble devoir traverser l'inconscient collectif en Europe en général, en France en particulier. Il s'agira donc de reformuler le brouillon de « l'identité nationale » si peu et si mal travaillé, et surtout tellement orienté.

La vocation intellectuelle de cette Conférence devrait permettre d'éviter simplification et récupération de plus ou moins bon goût que beaucoup seraient tentés de faire.

La question qu'en tant que candidat aujourd'hui, je leur demande de s'approprier pourrait être formulée comme suit :

« Les mouvements des Peuples d'Europe, et le monde dans leur sillage. La trajectoire de l'Occident ; Histoire d'une conquête, et d'un avenir à partager ».

Ce questionnement pourrait être présenté au grand public suivant ces axes :

<u>I/-lutter contre l'affadissement de l'Occident.</u>

Il s'agit de présenter un état des lieux de l'Occident, hors de la sphère politique. Il s'agit d'impulser dans les masses populaires l'idée d'une identité commune, de l'imbrication des pays d'Europe, et de l'aspect original de l'histoire de cette petite partie du monde…qui aura en son temps dominé l'humanité toute entière. (Il ne s'agit pas ici d'un satisfecit, mais d'un questionnement sur une originalité historique).

<u>II/-Soutenir un projet de création audiovisuelle à l'échelle européenne, de type série télévisée.</u>

A raison de 24 épisodes par saison, (en définitive, série sur internet si une chaîne telle que France 4 ne peut la soutenir), sur la montée en puissance(s) de l'Occident.

La proposition du premier président de cette conférence étant de partir de
Vouillé en 507, jusqu'en 1989.

 Découpage ;
L'héritage d'Athènes et de Rome.
La construction des peuples.
La construction des identités.
La construction des nations_(1213-1502_Luther).
La naissance d'une volonté_(les colonies…de la Réforme).
Le pouvoir _(Angleterre Victorienne /ou post-Napoléon ?).
Le chaos_(1870-1945).
La fin d'une puissance_(1945-1989)_.

Une idée essentielle consistant à affirmer que le déclin s'est opéré de 1870
à 1989 : il s'agit pour la génération post-guerre froide de se saisir de leur
trajectoire, de l'affirmation de leur choix à se construire un destin.
(Budget de 80 millions d'euros ?_suffisant en tout cas pour aller de
l'*Héritage* aux *identités*).

<u>III/-Une *Disputatio* ; L'Islam est-il un danger pour l'Occident ?</u>

   Je prendrai le parti que les internautes m'attribueront, (ceux inscrits sur le
réseau Welwitschia), avec le droit de me faire assister d'un avocat et d'un
évêque. (Hébergée à St-Gall ?).

<u>Collège scientifique :</u>

Ces noms sont autant d'invitations, qui ne sont ni exclusives ni exhaustives.
Chaque personnalité qui serait amenée à siéger au directoire de ce collège
scientifique, serait bien sûr légitimement fondée à proposer des noms
susceptibles de faire avancer la réflexion. C'est sous l'égide du Ministère de

la Culture, appuyé des Affaires Etrangères, que se construirait cette réflexion.

Gao Xinjiang, prix Nobel de littérature.
Erik Orsenna, Académicien.
Jean d'Ormesson, parce que.
Stéphane Hessel, Ambassadeur des indignés.
Claude Hagège, Professeur au Collège de France.
Emmanuel Todd : « L'invention de l'Europe »
Lucien Boia : « L'Occident ».
Jean Ziegler : « La haine de l'Occident ».
Hélène Carrère d'Encausse ?
Wassyla Tanjaoui ?
Maurice G. Dantec ?
Umberto Ecco ?
Jean Favier ?
Odon Vallet ?
Alain de Benoist ?
Thilo Sarrazin ?
Jean Raspail ?
…invitation faite bien sûr à des artistes et autres amateurs de prosodies syncopées ; mais ne les connaissant que de nom, comme « NTM », « IAM », etc…
De même, chaque ambassadeur des pays francophones recevrait invitation, de telle sorte que les anciennes colonies puissent éclairer de manière récente, mais intime encore, leur relation à l'Occident en général…à la France en particulier.

La langue de travail sera le français, avec traductions en allemand.

Pourquoi cette Conférence ?

   Répondre aux peurs…avant d'apaiser les rapports des français avec l'Islam, apaiser leurs propres rapports à « l'Eglise »…comme si l'on pouvait prétendre à réguler les rapports entre individus dans la société avec une seule religion…s'émanciper de la douleur coloniale.

Moi que l'on pourrait imparfaitement définir comme étant athée, je sais pourtant quel est mon héritage, l'héritage de tout l'Occident, en définitive : l'héritage chrétien.

Ce qui m'insupporte aujourd'hui n'est pas tant l'ignorance de la richesse de cet héritage : les grandes peurs, les moments de doute sauront ramener les âmes sèches sur la piste non moins aride de l'introspection, des croyances et de la Foi.

Le vrai problème demeure la négation systématique, et la destruction lorsque cela est possible de cette chrétienté qui, bien qu'ayant été traversée d'autant d'obscurantisme que de fanatisme, a su faire passer l'héritage de l'Antiquité, et protéger, ou du moins accompagner l'émancipation de l'Homme moderne. Cet occidental est même devenu à ce point moderne que pour répondre à une préoccupation psychiatrique aussi récente que lui, il lui faille, pour répondre aux normes qu'il aura bâties à partir de son propre héritage, « tuer le père ».

Ce que nos contemporains font, quotidiennement, c'est se couper de ses racines et se faisant, se dispersent et se perdent en autant d'élans désordonnés qui nient leur passé.

Je l'aurais déjà dit : il ne s'agit nullement pour moi de défendre la chrétienté, mais force est de constater la constance des assauts à son endroit, sans que celle-ci ne réplique…encore. Je ne suggère en rien qu'elle réponde, justement. Mais il est certain que ces agressions ou ce simple mépris ordinaire ne minent pas que l'Eglise, mais piétinent des valeurs qui ont dépassé le seuil de la chrétienté ; et cette chrétienté, cette Eglise, une frange de celle-ci, sera immanquablement tentée de se radicaliser, retomber dans ses erreurs passées, et ainsi d'ajouter à la violence des ignorants qui dilapident leur propre héritage.

Cette idée de la Conférence Occidentale m'est venue du choc que produisit sur moi la phrase d'un ami, assez à droite sur l'échiquier politique, alors que nous discutions de tous les problèmes que les tenants du pouvoir actuel semblent vouloir encore aggraver :

« Ce qui **nous** fait peur, c'est qu'**ils** sont musulmans comme **nous** ne sommes plus chrétiens... ».

Son positionnement est juste et s'applique, en fait, à tous ceux qui désirent non pas seulement habiter, mais vivre en Europe : dans cette phrase, sommes-nous plus proche du *nous*, ou du *ils* ; avons-nous seulement l'envie ou la volonté de choisir ?
...ce que je souhaite, c'est simplement que le mouvement de balancier se face avec naturel, sans que l'on ait besoin de remettre les pendules à l'heure, brutalement...ainsi, c'est par exemple Pétrarque qui, bien qu'étant homme de son temps, sut être le premier humaniste, en sachant rénover et réformer la manière de penser en appliquant un principe propre au monde ecclésiastique, la scolastique, au monde qui allait prendre le relais en matière de société, le monde laïque.
Ce mouvement lancé, il n'aura de cesse de prendre de l'ampleur et fera la gloire de l'Europe.

Cependant, il m'apparaît nécessaire aujourd'hui de réintégrer à nouveau, sans revenir aucunement sur toutes les avancées sociales, morales, philosophiques et intellectuelles acquises, une réflexion du monde ecclésiastique sur la question ici posée.
Cette confrontation ne peut qu'être saine, et plus certainement que les gesticulations d'un monde politique qui se sera volontairement coupé de sa culture, saura dire aux citoyens des pays d'Europe, qui ils sont...
...s'agit-il alors de réécrire le « Manuel du Soldat chrétien » d'Erasme ?...non, car la Réforme est passée par là, et les peurs d'aujourd'hui feraient que les musulmans seraient sans doute possible, la cible de ce nouvel ouvrage...mais peut-on se passer de lire l'ancien ?

La place de la France dans le monde ; mais quelle France ?

Eugène Delacroix_ « La Liberté guidant le Peuple »_1830

Alors que jadis nous venaient de l'Orient compliqué de subtils parfums de myrrhe et d'épices, il nous parvient aujourd'hui, comme emmené par le souffle de l'Histoire qui rattraperait une France alanguie, le doux parfum du jasmin qui éveille nos sens, aiguise nos souvenirs, et nous fait nous souvenir encore un peu pourquoi certains slogans nés au milieu de foules courageuses composées d'autant de citoyens en devenir, étaient scandés en français, pourquoi certaines pancartes étaient écrites dans la langue maternelle des Révolutionnaires... la France, malgré tout, fut présente dans ce bouleversement du monde, qui voit des millions d'individus choisir la voie de la démocratie. Non pas présente du fait de politiques de compromissions dont les émissaires auront été à cette occasion démasqués, mais présente dans l'esprit, dans certains mots, et dans beaucoup de pensées de ceux qui, sur place, luttèrent pour leur avenir.

Bien sûr, cette voie n'est pas la plus aisée, et il y aurait eu mieux à faire que de vouloir conforter les élans, les aspirations d'un Maghreb qui cherche encore les meilleurs compromis, qu'en bombardant sous de faux prétextes un dictateur reçu certes pas sous les ors de la république, mais qui aura posé sa tente en notre jardin. Si nos ors n'ont pas perdu leur lustre en cette affaire, le manque de constance de la diplomatie française, réduite à son plus simple appareil en Tunisie, aura donc brouillé complètement la position française, tant dans le monde Arabe que dans le reste du monde. Ainsi aura-t-on bombardé la Libye, sans se soucier des revendications des Syriens, des revendications des Yéménites... ainsi aura-ton poursuivi une intervention stérile en Afghanistan, car sans objectif politique ou même stratégique : pire !

<u>Sans débat national.</u>

Il semble que la vision française, éclairée pourtant par le deuxième réseau diplomatique mondial, soit voilée, (ironiquement), par une doxa importée d'un pays ou deux tours s'écroulèrent. S'il apparaît comme certain que l'ordre mondial vient à changer, ce n'est hélas pas le compte morbide des seuls occidentaux assassinés par des fanatiques qui est le marqueur du glissement de l'Histoire. Demain déjà, l'Inde supplantera la Chine en nombre d'habitants, rattrapant celle-ci dans une frénésie de consommation captée du même modèle Occidental qui s'essouffle, qui se perd même, à force de vouloir définir encore la marche du monde à l'heure de changements climatiques, de course aux matières premières et de vieillissements de populations.

A espérer sans cesse que le Nouveau Monde apporterait quelque chose de neuf sur cette planète, les thuriféraires français des Etats-Unis veulent croire aux scénarios d'Hollywood, et oublient que ce modèle aussi clinquant que factice ne fait que nous renvoyer l'image amplifiée de nos propres défauts, de nos propres contradictions d'occidentaux.

Un exemple éclairant de cette relation franco-Etats-Unienne que je juge pourtant fructueuse, essentielle et amicale sur bien d'autres plans, reste les incompréhensions culturelles qu'il ne s'agit pas de contourner, d'aplanir ou d'ignorer. Ce sont des différences irréductibles. Ainsi l'Etat fédéral du Maine aura réfléchi, de sa création en 1820 à l'aboutissement de sa réflexion en 2001, que son nom venait de la Province française homonyme du Maine. Pourtant, cette rigueur historique ou cette volonté politique n'aura pas empêché cet Etat de déclarer en 2006 l'œuvre de Delacroix, (reproduite dans cet ouvrage), *La Liberté guidant le peuple*, comme étant : « indécente et manquant de dignité ».

Ce court exemple n'est que l'illustration d'une culture, celle des Etats-Unis, qui croit intimement être supérieure à toute autre, alors que dans le même temps la culture française, prise en otage par des ignorants de la pire espèce, s'accommode sur un mode aussi artificiel que festif, d'un endormissement qui a tout du renoncement. Pourtant, le temps de l'arrogance a passé, et chèrement ; mais dès lors que l'on cherche à mettre en perspective, je n'ose écrire ; en Lumières, la portée, l'empreinte de ce vieux pays qu'est la France sur toute la planète, c'est un étourdissement, une délectation pour qui aime sa « douceur Angevine ». Point de chauvinisme, au vu des erreurs colossales qu'il est tout aussi bon d'assumer…mais il n'en reste pas moins que depuis 800 ans, ce coin du monde a su plus qu'exister :

vivre et révéler.

Alors pourquoi ce défaitisme sur la place de la France dans le monde ?

Alors même que dès aujourd'hui, ce pays ne représente que 0,8% de la population mondiale, il est le gardien de la 2ème surface maritime mondiale, constructeur des plus grands navires du monde, après avoir inventé l'ordinateur, la photographie, le cinéma, le stéthoscope ou la plongée autonome. Ce même pays aura par ailleurs fédéré l'Europe sur un projet aéronautique qui partit de rien, est devenu numéro 1 mondial de la vente d'avions de ligne ; ou bien encore se situe au quatrième rang mondial si l'on veut se référer au nombre d'entreprises parmi les 500 plus importantes. Il demeure incompréhensible que l'on veuille absolument ignorer dans ce pays que, pourtant, l'industrie est à hauteur de 20% de son PIB, lui-même placé au 5ème rang mondial.

Encore aujourd'hui, et certainement demain, c'est plus de la moitié de la planète qui s'inspirera directement des avancées du Code Civil, prémices nécessaires à l'avancée des droits de l'Homme. Bien que trahie et desservie par ses élites, la langue française existe de manière concrète pour plus de 220 millions de locuteurs, et reste nécessaire aux discussions de ce monde, héritage de temps ou la diplomatie était plus rude certes, bien que parfois tempérée par l'exactitude d'une langue que les ministres souhaitent aujourd'hui châtier...alors qu'elle sut être châtiée d'elle-même.

La conclusion me permet, tout en continuant à m'adresser à chacun, d'apostropher une corporation : celle des écrivains. Il me semble qu'en France nous ayons toujours besoin d'hommes de lettres. Non pas qu'ils domineraient tout et tous du fait d'une omnisciente compréhension de ce que nous sommes ou paraissons, non ; la corporation des littérateurs n'a pas cet apanage sur les autres, mais son incontournable avantage est de savoir décrire ce que sont ces corporations, ces cortèges et ces assemblées : toutes ces tribus qui composent ce que nous constituons tous...la société.

Aussi ce projet adopte un ton qui voudrait répondre au souhait de Monsieur d'Ormesson de percevoir une ironie douce-amère qui n'amoindrirait pas le panache d'une candidature qui serait tout un programme.

Pour sûr, les débats publics actuels commettent cet exploit de manquer de profondeur tandis qu'ils savent toucher le fond, alors même que celui-ci est pourtant toujours soigneusement évité ; l'Académicien toujours Vert n'aura pas manqué de relever, un peu agacé, cette ironie.

Ce programme est donc détaillé de telle sorte qu'à la question péremptoire jadis posée par Alexandre Jardin, « comment on fait ? », l'on puisse présenter autre chose qu'une conviction affirmée. Il s'agissait bien d'exposer dans un texte accessible, les actions à mener, plutôt que faire le catalogue de mesures dont on ne sait jamais si elles relèveront du sens métrique ou d'un autre.

De même pour répondre à Maître Houellebecq, j'invite tout un chacun à reprendre l'affirmation définitive de celui-ci disant : « La France est un hôtel »…Imaginez alors cet hôtel tenu par les différents partis politiques, d'où émanent les autres candidats, et vous aurez une vue assez exacte des directions que la France ne devrait pas prendre si elle désire exister encore.

HOTEL(S) HOUELLEBECQ

A. L'UMP.

Prenons l'exemple d'un hôtel UMP, tel que ce parti se projette dans notre quotidien. En premier lieu, il faudrait bien songer que le souci essentiel de la gestion de l'établissement serait la sécurité. Peu importe qu'il s'agisse d'honnêtes clients pour la plupart, ils seront avant tout considérés comme suspects, capables de vols, d'effractions et coupables de dégradations encore à venir, mais qui justifient déjà une augmentation du tarif des nuitées. De toute façon, et en guise de cadeau, chaque client partira avec un petit souvenir du pays, directement prélevé sur les monuments nationaux, permettant dès lors l'économie de leur entretien du fait de cette vente par petits lots, ou venant de musées qui ne rapportent plus tant...depuis que l'UMP aura tenté l'exercice de la gratuité.

Le personnel, forcément petit dès lors qu'il n'aura pas été capable de prouver ses compétences en rejoignant les équipes de direction, devra être capable de répondre tout de même à toute sollicitation de clients qui, au vu des tarifications exorbitantes, en voudra nécessairement pour son argent... C'est ce même personnel qui devra assumer l'éventuel écart qu'il y aurait entre le prix des prestations de l'hôtel et la qualité du service. En récompense, et du fait qu'il travaillera plus, le personnel pourra passer certaines formations internes qualifiantes qui leur permettront de devenir « manager »...pour ne pas trop surcharger inutilement les employés d'informations qui pourraient par trop les distraire, l'annonce de ces possibilités de promotions ne seront fournies que lors des entretiens d'évaluation. Cependant, et afin de faire preuve de bonne volonté, la direction de l'hôtel assurera aux syndicats que chaque employé aura un entretien individuel...

L'approvisionnement en vivres serait négocié par les seuls distributeurs, qui en échange d'une régularité reconnue, seront laissés libres d'imposer leurs prix, et donc de faire leurs marges auprès des agriculteurs qui ne seraient pas parties prenantes d'une industrie agro-alimentaire subventionnée.

La qualité de services reconnue serait obtenue au prix d'une pression sur les seules petites mains qui seront sanctionnées dès lors qu'un problème naîtrait, qu'ils en soient responsables ou non.

Afin de faciliter les échanges nécessairement superficiel d'un lieu de passage à rentabiliser, il sera de bon ton d'abandonner le français réduit au rôle de langue vernaculaire, là ou l'anglais deviendrait langue véhiculaire...des profits plutôt que des idées...et pour finir, il faudrait chercher à contacter le directeur de l'établissement sur ses multiples lieux de travail de « VRP », aux Etats-Unis ou sur des yachts...quand il ne serait pas dans des réunions d'investisseurs ou il tendrait à valoriser la part de l'hôtel qu'il penserait détenir en entier, et qu'il chercherait à vendre au meilleur prix !

Mais à vouloir être trop critique, il ne faudrait pas être injuste avec ce parti aux 40.000 morts, en niant l'immense sentiment de sécurité que nous procurerait le maître d'hôtel qui pourrait nous assurer d'un arsenal conséquent que possèderait l'hôtel. D'ailleurs, un des clients fidèle au point de recevoir des avantages et réductions aura même acheté, puis revendu, de cet arsenal protecteur à des clients certes argentés, mais encore trop suspect pour venir profiter du confort de cet hôtel si français ou l'on parle si bien anglais.

Le modèle économique de cet hôtel si sécurisé se retrouverait même dans les appels d'offres nés de salutaires réflexions. Ainsi, par peur des incendies dans les chambres, obligation serait faite de chacune les équiper de systèmes de détection de fumée d'un nouveau genre. Evidemment, le surcoût engendré ne pourrait être répercuté sur le prix de la nuitée, cela ferait fuir le client. Le financement se ferait donc sur une retenue sur salaire des employés, qui par souci d'économie encore, et du fait d'une formation idoine dans le domaine de la sécurité, (qui ne saurait être déléguée à des immigrés), seront en charge de l'installation de ces détecteurs...construits en Chine pour plus de réactivité dans ce monde ou tout va vite...et après tout, il s'agit de sécurité, non ? Alors à quoi bon un appel d'offres ? Et puis, mû par un esprit de patriotisme économique, le directeur de l'hôtel aura fait en sorte que des entreprises françaises soient en charge de cette délocalisation. De bonnes relations permettront ainsi d'apposer la norme « NF », voire « CE », sur les appareils devenus indispensables...et que pourtant l'industriel français jugera, après une expertise demandée à l'Etat, nécessaire de renouveler à un rythme soutenu, comme son contrat. Ces arrangements permettront ainsi à des français de rester riches, alors de quoi pourrait-on se plaindre ?

B. Le PS

L'exemple d'un hôtel Socialiste serait celui d'un hôtel aux horaires d'ouvertures très « serrés », pour une clientèle désireuse de bénéficier d'un professionnalisme reconnu mondialement ; cherchant le personnel, il faudrait pour le client déranger une réunion syndicale qui s'évertuerait à statuer sur les modes de récupération à imaginer pour récupérer d'un travail certes efficace, mais extrêmement concentré.

La direction, soucieuse également de perpétuer la qualité du service, aura à cœur d'envoyer un tiers du personnel en formation, peu importe que cela se fasse au plus fort de la saison, et expliquera de vive voix aux fournisseurs et encore aux agriculteurs qu'au vu des difficultés de personnels rencontrées, il lui faudra rogner sur ses commandes...

Lorsque le client, un peu ennuyé par cette atmosphère électorale permanente, cherchera à musarder dans les allées superbes d'un jardin à la française, ne manquera pas d'être aussi surpris que décontenancé de constater la perte de symétrie de ce qui fut de la belle ouvrage. En effet, les négociations salariales menées entre les jardiniers « Verts » et la direction socialiste, aura conduit à un accord assez...français. En échange de la réintroduction d'espèces botaniques assez peu esthétiques mais en état de raréfaction, les jardiniers auront accepté de travailler plus, en horaires décalés pour mieux suivre le rythme des saisons...mais invoquant justement l'aspect implacable de ce rythme que chacun se doit de suivre, ils auront obtenu auprès de la direction socialiste de ne travailler que la moitié des parterres et bosquets, laissant l'autre libre de taille, de coupe ou d'entretien, permettant ainsi à la nature de reprendre ses droits sur des hommes qui eux, croient ainsi faire valoir les leurs.

Le résultat pour notre promeneur restera déconcertant, constatant que la moitié du jardin est en friche, annihilant ainsi la symétrie qui est la substance même de ces jardins à la française. Payer pour un dépaysement que l'on pourrait avoir pour moins cher et peut être plus authentique dans les copies qu'en firent les Chinois du temps où ils reproduisaient les éléments d'une France pas encore à la dérive...

C. Le FN

L'hôtel FN serait beau, peut-être clinquant, très français...et assez vide. En effet, les étrangers ne parlant pas français ne seraient pas accueillis au mieux. Les étrangers ne sachant pas du tout communiquer en français se verraient tancés de l'insolence dont ils font montre...à se montrer sous un jour si sombre…à ne pas vouloir réciter du Molière, entre autres : ils seraient donc raccompagnés, *illico presto* et *manu militari*, vers les moyens de transports, (de préférence en bateau, dirait une député de l'UMP), qui les auront amenés jusque-là.

Le personnel, dynamique et volontaire, suivrait parfois son directeur jusque dans les champs, afin d'aider les paysans, béret sur la tête, à faire leur récolte, puis à stocker celle-ci en prévision de clients à venir…éventuellement. De toute façon, il reste difficile d'approvisionner l'hôtel en nourriture, les véhicules fonctionnant au pétrole du Moyen Orient étant prohibés, de même les véhicules hybrides dont les batteries seraient gavées de sel Sud-Américain…pour sûr, le Comité d'Evaluation et de Validation de Cheval de Trait de Race Française, (CEVCTRF), pour pallier à ce manque fournira bientôt les canassons qui remplaceront ces véhicules étrangers, et fera une pierre deux coups en ravivant la carte postale, certes odorante mais dont l'image au moins plaira au touriste francophone qui réservera la suite Jeanne d'Arc…

Le problème majeur des repas fournis dans la superbe salle L.F Céline, sera de savoir quels vins accompagneront une gastronomie si identitaire. En effet, une fois que le directeur de l'hôtel s'est rendu compte que notre vin si français était issu de vignes d'origines américaines, après la destruction de nos vieilles vignes par le phylloxera en 1863 par un élément étranger, il s'agira de se procurer du divin nectar issu de vignes préservées…qui restent très rares et très chères, et souvent consommées par l'Anglois.

Le fait que ce soit un élément étranger, un intrus, qui ait fait tant de mal à la culture française devra alors conditionner les futurs choix d'approvisionnement, et il s'agira de faire en sorte de ne plus dénaturer l'excellence française.

Le tout étant que le directeur FN ne se penche pas trop sur les origines de la tomate, du maïs, du chocolat, du café, du sucre, du tabac…non pas que ce ne soit pas intéressant ; mais cela reviendrait à fermer l'hôtel le temps de s'interroger sur les origines et l'innocuité de chaque produit introduit en France, et qui contribue pourtant à la saveur de sa gastronomie.

Pour ceux qui seraient tout de même tentés par un séjour Picaresque, restera l'information hygiéniste de l'élimination de tous les chats de France…le responsable de l'hôtel ayant appris depuis peu qu'ils viendraient tous d'Egypte, ou du Proche-Orient…(Aux dernières nouvelles, ce dernier n'a pas Saint-Augustin dans sa bibliothèque).

D. Le MODEM

La gestion de l'hôtel du MODEM serait trop longue, lénifiante à décrire ici. Néanmoins, et pour en avoir une image assez juste, que chacun puisse s'approprier, il reste possible de panacher les avantages et les défauts des hôtels précédents, ou alors ne garder que les défauts…ou uniquement les avantages…ou alors deux tiers des avantages et un tiers des défauts. Ou peut-être les avantages de l'Hôtel PS mâtinés des défauts de l'UMP. Ou alors aucun avantage, et pas plus de défauts. Voire fermer l'hôtel pour le temps de la réflexion. Ou le rouvrir sur un mode coopératif alterné entre avantages et défauts, avec les cuisines réservées au FN…ou pas.

Conclusion

…beaucoup d'intellectuels frileux auront psalmodié avec une conviction proche de la Foi, la fin d'une France qui fut Grande, et qui devait au mieux apprendre à se considérer comme moyenne, au pire se préparer à disparaître. Que voilà de tristes pensées d'hommes sinistres ! Le plus navrant quant à cet état de fait provient de cette douloureuse réalité qui consiste à trouver les contempteurs de la France parmi les mieux placés de nos propres dirigeants, à tel point qu'aujourd'hui le discours encore exagéré du Front National tend à devenir une réalité, s'agissant de « trahison des élites ». Le déni du génie de notre langue, le déni de la vocation universaliste du souci de son prochain, ne serait-ce qu'au travers de ce qu'il reste de l'idée de sécurité sociale, la lutte contre une vision dogmatique et financiarisée de l'économie constamment mise à mal par ces mêmes « élites » qui ne veulent voir que les avantages propres qu'ils peuvent en tirer en bradant une identité française dont ils auront pourtant conservé les avantages pour eux seuls, tout cela relève de la confiscation des progrès du peuple français en réduisant à une caste qui se proclame seule digne de diriger, et stigmatisent encore plus tous ceux qui voudraient s'élever contre ce qui ne constitue pas moins qu'une trahison…effectivement.

La place de la France pourtant n'est pas à discuter, à marchander ou même à chercher. Le monde anglo-saxon, ayant tendance à considérer sa puissance à l'aune de ses succès Hollywoodiens, en est venu à croire aux scénarios improbables et assertions farfelues que l'on trouve souvent dans la production cinématographique Etats-Unienne. Ainsi, ils refusent d'accepter, et ne cherchent pas à accepter le fait que la France soit revenue de l'abîme de la défaite de 1940, donne encore de la voix parmi les grands ; comme si sa légitimité historique avait été consumée dans des batailles perdues, alors même que la guerre fut gagnée. Il suffit, encore une fois, de constater l'arrogance que le monde entier prête à ce petit pays querelleur. Petit par la taille, certes, pour qui considère un planisphère, et arrête son regard comme son esprit aux frontières auxquelles la France, plus qu'aucune autre nation d'Europe, aura contribué à fixer tant par ses victoires que par ses défaites sur le continent Européen d'abord, mais aussi sur tout le globe. Foin de nostalgie impérialiste, pas de regrets du bon vieux temps des colonies, il ne s'agit que d'Histoire, qui n'appartient d'ailleurs plus à la France seule.

Le récit des gloires militaires passées, fut-il exalté ou exaltant, ne surpassera jamais les traits de plume d'un Victor Hugo, d'un Voltaire ou de Molière, n'égalera jamais non plus ce que d'autres mains, plus modestes mais aussi créatives, auront léguées aux français d'abord, au monde ensuite, et il suffit de constater les murailles de Carcassonne, jauger la hauteur du Mont Saint-Michel ou s'égarer dans les splendeurs de Versailles, songer à Cluny et se recueillir à Notre-Dame pour comprendre pourquoi la France reste la première destination touristique au monde, sans oublier notre Art de Vivre. Les vainqueurs de Napoléon, après qu'ils eurent condamnés le pillage des monarchies d'Europe se retrouvèrent à triompher du peuple français au palais du Louvre, ne purent qu'abdiquer aux guillotineurs le droit de conserver cet héritage, et le devoir de le transmettre.

Voilà ce qui fait la France, ce qui la compose et la perpétue ; la volonté farouche et frondeuse d'un peuple qui sait que l'Individu ne vaut que lorsqu'il se soucie d'autres Individus, que lorsque ceux-ci deviennent alors, travaillant ce sentiment de fraternité, des citoyens, ne fuyant pas leurs responsabilités. L'une de ces responsabilités fut de suivre un sentiment, encore, qui était de croire que cette citoyenneté était un bien commun, un bien universel que chaque individu pouvait chercher au travers de sa culture propre…l'universalisme français a triomphé, triomphe encore dans le monde, mieux encore que le système métrique ne saurait le faire ; car en effet celui-ci, bien que français et donnant la mesure des choses, ne saurait égaler ce qui fait la mesure de l'Homme :

LIBERTE-EGALITE-FRATERNITE

Récapitulatif des cinq seules promesses de campagne :

-retour de la **possibilité** légale de prendre sa retraite à 60 ans ; avec ensuite discussions entre les différents acteurs, branches et secteurs pour estimer une nécessaire modulation des modalités de cotisation. (Financement, **dans l'attente**, par la suppression de la « niche » Copé).

-Mise en place de l'imposition à la source.

-Assainissement de la dette française, au travers de l'augmentation d'un point de TVA, en plus de la mise à bas <u>progressive</u> des niches fiscales. (**Avant** la mise en place de l'interdiction Constitutionnelle de budget déficitaire).

-Mise à la Question des personnalités ayant participé à l'abaissement moral de la France. (Par exemple ceux qui auront rédigé une note stigmatisant une communauté précise au nom d'un ministère, et donc au nom de l'Etat, renouant ainsi avec les habitudes les plus nauséabondes d'une France qui fut défaite ; ou encore les hommes de Loi qui auront usé de leur charge pour couvrir leurs amitiés politiques. Séparation effective des banques de dépôts et des banques dites « d'investissements » ; mise à l'Index des Agences de Notation, s'agissant de leur prétention vulgaire à noter des pays, en tout cas **le mien**).

Une autre question qui me tient à cœur, et que je porterai sur la place publique, est l'immonde pirouette effectuée par les occupants de Matignon qui pour s'affranchir des règles de la commande publique s'agissant de frais de communication s'élevant à 600 millions d'euros, évoquèrent alors la notion d'urgence… alors que ces mêmes règles furent une Loi d'Airain, qui frappa durement les soldats français en Afghanistan, tandis que Bercy ne permettait pas d'user de cette même notion d'urgence lors d'une commande de matériels, en l'occurrence de gilets pare-balles dont le prix s'avère bien moindre que la « pédagogie » professée par le gouvernement aux 2600 sondages.

Et malgré cet investissement dans la communication, il faut voir…comme on nous parle…

-Baisse des émoluments du Chef de l'Etat de 172 %.

Clovis 1er et le vase de Soissons. Grandes Chroniques de France, XIVème siècle.
Bibliothèque nationale de France.

Pour saisir quel candidat je suis, il est convenable pour la télévision, les médias *installés*, en somme, qui ont tendance à vouloir résumer de manière succincte les choses les plus complexes, deux minutes en général ; de se plonger alors dans une référence cinématographique qui, bien que datée, n'aura pourtant pas hélas fait date.

Il s'agit d'un scène d'un film, *Le Capitan*, avec Bourvil, Paul Presboit et Jean Marais…il me semble que ces trois noms sont assez rassembleurs si il s'agit d'évoquer l'esprit français, et c'est l'esprit de la scène ou apparaît Cogolin, campé benoîtement par Bourvil, que je veux faire vivre dans le débat national de ces deux mois.

Je m'identifie à ce personnage d'autant plus volontiers que ce baladin restitue au chevalier de Capestan représenté avec superbe par un Jean Marais qu'il faudrait alors percevoir comme une allégorie de la France, tandis que je suis le candidat. Qu'il me soit alors pardonné de faire prendre le mauvais rôle à Maître Presboist qui, au-delà du fait que son registre allait bien au dela du simple registre de la simple farce, fut-elle digne de Patelin ; il s'agit de concentrer son attention sur le fait qu'avec bonhommie, il incarnerait la capitalisme financier dérobant ses deniers à une France trop confiante…

Cogolin, avec subtilité, redresse le tort…bien que je sache la suite du film, comme de ce qui l'attend sur sa route.

C'est donc ainsi qu'il faut voir ma candidature :

http://www.dailymotion.com/video/x2s5hg_le-capitan-hunebelle-1960_shortfilms

Pour ceux qui souhaiteraient ensuite continuer à voir au travers de ce film l'agression des banquiers contre la France, il peut être profitable de revoir la scène ou le Maréchal d'Ancre et monsieur de Capestan devisent, et ou le chevalier évoque l'attaque d'une jeune fille par des ruffians ; il s'agit d'une parabole de l'attaque des « traders » sur nos économies, tels des ruffians modernes qui se sont ralliés à d'autres coquins...banquiers, financiers et assureurs qui s'arrogent le droit de noter notre pays.

Ce qu'il importe de retenir plutôt, c'est que Jean Marais, Le Capitan, définit en peu de mots ou doit se situer l'honneur de la France.

Que je me projette en Cogolin dans cette farce médiatique m'ira bien, si l'on retient également cette phrase prononcée dans ce film par ce Baladin, en pensant à ceux qui disent avoir servit la France ces cinq dernières années :

« J'aurais pu être ministre...j'ai choisit de rester honnête »

En revanche, pour avoir une vue nette de la tentative de subornation de la fille du Duc d'Angoulême, je vous rappelle ici qu'il s'agit de la voir comme une représentation, de nos livrets A, de nos économies ...le peu qui nous en reste ; tandis que le Maréchal d'Ancre représenterait, en vrac : les banques, les agence ds notation, les assureurs, les « traders ».

On visualise alors clairement dans quelle situation, en pratique, l'économie de la France se voit placée.

Annexe 2_Vizille_Mise en œuvre par les chômeurs d'Europe de l'article 11
du traité de Lisbonne.

La demande serait la suivante ;

**« Pour une dissolution de la Commission Européenne et du transfert de
ses pouvoirs au parlement Européen. »**

Les détails du rassemblement, son organisation, seront fournis via le
réseau Welwitschia.

L'essentiel restant que ce soient des chômeurs, des abstentionnistes, des
indignés, qui posent ce jalon qui doit constituer le premier pas de la mise en
œuvre réelle de l'article 11.

Il restera nécessaire, s'il advenait que ce rassemblement ait du succès, de
démontrer que les chômeurs, les pauvres, les abstentionnistes et les
indignés constituent une force qui peut se mettre en mouvement.

Remerciements :

L'ensemble de ceux qui, au travers de l'opération Acolyte, m'auront permis
de m'exprimer.

H.N